法考必练案例题

民事诉讼法139问

2024版

觉晓法考组　编著

历年真题→全面训练
核心模拟→强化提高

民事诉讼法

中国政法大学出版社

2024·北京

图书在版编目（ＣＩＰ）数据

法考必练案例题.民事诉讼法139问/觉晓法考组编著.—北京：中国政法大学出版社，2024.3
ISBN 978-7-5764-1180-5

Ⅰ.①法… Ⅱ.①觉… Ⅲ.①民事诉讼法－中国－资格考试－习题集 Ⅳ.①D920.4

中国国家版本馆CIP数据核字(2023)第211543号

出 版 者	中国政法大学出版社
地　　址	北京市海淀区西土城路25号
邮寄地址	北京100088信箱8034分箱　邮编100088
网　　址	http://www.cuplpress.com（网络实名：中国政法大学出版社）
电　　话	010-58908285(总编室) 58908433（编辑部） 58908334(邮购部)
承　　印	重庆天旭印务有限责任公司
开　　本	787mm×1092mm　1/16
印　　张	4.75
字　　数	90千字
版　　次	2024年3月第1版
印　　次	2024年3月第1次印刷
定　　价	25.00元

KEEP AWAKE

目 录
Contents

<h1 style="text-align:center">一、小案例</h1>

（一）民事诉讼法概述

案例 1：张三向李四借款 10 万元，到期不还，二人因此发生纠纷。

问题：二人可以采取哪些方式解决纠纷？

案例 1—问题：二人可以采取哪些方式解决纠纷？

答案：二人可以采取以下方式解决纠纷：

（1）自行协商、和解解决纠纷；

（2）找行政机关或者人民调解委员会等第三方主持调解；

（3）可以达成仲裁协议，通过仲裁机构解决纠纷；

（4）可以单方提起民事诉讼，通过诉讼解决纠纷。

（二）民事诉讼法的基本原则和基本制度

案例 1：美国人王五在中国参加民事诉讼，也有权申请法院向某单位调取证据。

问题：这是什么原则的体现？

案例 2：蒋四金因在蒋五金的古董店买到一幅假画，起诉至 A 区人民法院。庭审中，蒋四金承认丢失了发票，但蒋五金对这幅画是自己售卖的事实表示认可。

问题：蒋五金的行为体现了《民事诉讼法》中的哪一基本原则？

案例 3：大河公司和大江公司因履行钢材买卖合同产生纠纷，大河公司将大江公司起诉至甲市 A 区法院，法院裁定驳回起诉。大河公司不服提起上诉，甲市中院予以受理。

问题：甲市中院审理该案时可能适用哪种审判组织？

案例 4：李四与王五系夫妻，因感情不和李四提起离婚诉讼，一审法院经审理判决不准离婚。李四不服提出上诉，二审法院经审理认为应当判决离婚，并对财产分割与子女抚养一并作出判决。

问题：二审法院的判决违反了《民事诉讼法》的哪些原则或制度？

案例 1—问题：这是什么原则的体现？

答案：这是同等原则的体现。

外国人、无国籍人、外国企业和组织（美国人王五）在人民法院起诉、应诉，同中华人民共和国公民、法人和其他组织有同等的诉讼权利义务（有权向法院申请调取证据）。

法条依据:《民事诉讼法》第 5 条第 1 款①。

案例 2—问题:蒋五金的行为体现了《民事诉讼法》中的哪一基本原则?

答案:蒋五金的行为体现了民事诉讼法中的处分原则。

当事人(蒋五金)有权在法律规定的范围内处分自己的民事权利和诉讼权利,蒋五金认可案涉画作是自己卖出的,是处分自己在诉讼中权利的体现,该行为免除了对方当事人蒋四金的证明责任。

法条依据:《民事诉讼法》第 13 条第 2 款②。

案例 3—问题:甲市中院审理该案时可能适用哪种审判组织?

答案:甲市中院可能由审判员独任审理,也可能由审判员组成合议庭审理。

中级人民法院(甲市中院)对第一审不服裁定提起上诉的第二审民事案件(大河公司不服驳回起诉裁定提起上诉),事实清楚、权利义务关系明确的,经双方当事人(大河公司和大江公司)同意,可以由审判员一人独任审理。若不满足上述条件,二审人民法院应由审判员组成合议庭审理。

法条依据:《民事诉讼法》第 41 条第 1、2 款③。

案例 4—问题:二审法院的判决违反了《民事诉讼法》的哪些原则或制度?

答案:二审法院的做法违反了处分原则、辩论原则、两审终审制度。

原告(李四)诉讼请求仅仅是解除婚姻关系,并没有对财产分割和子女抚养提出请求,而法院超出原告诉讼请求,对财产分割和子女抚养问题一并作出处理,违反处分原则。二审法院直接就财产分割、子女抚养作出判决,而当事人(李四和王五)并没有对相关财产与子女事实进行举证、质证、发表辩论意见,违反辩论原则。一审法院判决没有处理子女和财产问题,二审法院直接改判违背两审终审制度。

法条依据:《民事诉讼法》第 10 条、第 12 条、第 13 条第 2 款④。

(三)诉

案例 1:李某驾车不慎追尾撞坏刘某轿车,刘某向法院起诉要求李某赔偿 5000 元。

问题:本案的诉讼标的和诉讼请求是什么?

案例 2:甲的邻居乙买来建筑材料,准备在房后建一杂物间,甲认为会挡住自己出入的通道,坚决反对。乙不听。甲向法院起诉,请求法院禁止乙的行为。

问题:甲提起的诉讼属于哪类诉?

---

① 《民事诉讼法》第 5 条第 1 款:外国人、无国籍人、外国企业和组织在人民法院起诉、应诉,同中华人民共和国公民、法人和其他组织有同等的诉讼权利义务。

② 《民事诉讼法》第 13 条第 2 款:当事人有权在法律规定的范围内处分自己的民事权利和诉讼权利。

③ 《民事诉讼法》第 41 条第 1、2 款:人民法院审理第二审民事案件,由审判员组成合议庭。合议庭的成员人数,必须是单数。

中级人民法院对第一审适用简易程序审结或者不服裁定提起上诉的第二审民事案件,事实清楚、权利义务关系明确的,经双方当事人同意,可以由审判员一人独任审理。

④ 《民事诉讼法》第 10 条:人民法院审理民事案件,依照法律规定实行合议、回避、公开审判和两审终审制度。

《民事诉讼法》第 12 条:人民法院审理民事案件时,当事人有权进行辩论。

《民事诉讼法》第 13 条第 2 款:当事人有权在法律规定的范围内处分自己的民事权利和诉讼权利。

案例 3：耿某和尹某签订草莓买卖合同后，耿某以尹某连续 3 个月未支付货款为由向法院提起诉讼。

问题：诉讼中尹某能否以耿某近三个月未按约定提供优质草莓要求赔偿损失为由提起反诉？

案例 4：甲向法院起诉请求乙归还借款 10 万元，乙在诉讼中主张借款已过诉讼时效。

问题：乙的主张是反诉还是反驳？

案例 1—问题：本案的诉讼标的和诉讼请求是什么？

答案：本案的诉讼标的是李某与刘某之间的 侵权法律关系，诉讼请求是要求李某 赔偿 5000 元。

诉讼标的是当事人之间 争议的法律关系（侵权法律关系），诉讼请求是当事人向法院提出的 具体权利要求（刘某要求李某赔偿 5000 元）。

案例 2—问题：甲提起的诉讼属于哪类诉？

答案：属于给付之诉。

给付之诉是指原告请求法院判令被告履行一定义务的诉（甲请求法院禁止乙的行为）。因此，甲提起的诉讼为 给付之诉。

案例 3—问题：诉讼中尹某能否以耿某近三个月未按约定提供优质草莓要求赔偿损失为由提起反诉？

答案：尹某 可以提起反诉。

反诉的当事人应当 限于本诉的当事人的范围（尹某是本诉的被告，当事人相同）。反诉与本诉的诉讼请求 基于相同法律关系（买卖合同法律关系），人民法院应当合并审理。因此，本案符合提起反诉的条件，尹某可以提起反诉。

法条依据：《民诉法解释》第 233 条[①]。

案例 4—问题：乙的主张是反诉还是反驳？

答案：乙的主张是反驳。

反诉与反驳区分的关键在于本诉撤诉后，被告的主张 能否独立成诉。本案中，乙在诉讼中主张借款已过诉讼时效，假设没有甲向法院起诉请求归还借款，乙不能直接向法院起诉甲主张借款已过诉讼时效，故乙的主张不是一个独立的诉，不是反诉而是反驳。

（四）主管与管辖

案例 1：家住在青山市海淀区的李贝有三个儿子，李成、李明和李坤，李成结婚后与妻子定居于依云市通达区，李坤长期在青州市南湖区工作，李明则和父母一起生活在海淀区。2021 年李贝的老伴去世

---

① 《民诉法解释》第 233 条：反诉的当事人应当限于本诉的当事人的范围。

反诉与本诉的诉讼请求基于相同法律关系、诉讼请求之间具有因果关系，或者反诉与本诉的诉讼请求基于相同事实的，人民法院应当合并审理。

反诉应由其他人民法院专属管辖，或者与本诉的诉讼标的及诉讼请求所依据的事实、理由无关联的，裁定不予受理，告知另行起诉。

后，李贝就一直一个人在依云市定安县老家生活，由于物价上涨，李贝要求三个儿子增加赡养费，但三个儿子均不同意，李贝遂诉至法院。

问题：本案可以由哪个（些）法院管辖？为什么？

案例 2：2020 年 5 月，居住在 S 市二河县的张三、李四夫妻将二人共有的位于 S 市三江区的三层楼房出租给王二居住，协议是以张三的名义签订的。2022 年 3 月，住所地在 S 市四海区的赵五从该楼房底下路过，被三层掉下的窗户玻璃砸伤，花费医疗费 8500 元。赵五欲向法院起诉张三和王二。

问题：本案可以由哪个（些）法院管辖？为什么？

案例 3：A 区的李四与 B 区的王五签订家具买卖合同，约定在 C 区由王五将家具交付给李四。同时双方约定，因合同所生纠纷，由 A 区法院或 B 区法院管辖，后王五在 D 区完成了家具交付，因为家具质量问题，李四起诉王五。

问题：本案可以由哪个（些）法院管辖？为什么？

案例 4：A 市东城区李某与西城区张某在朝阳区签订房屋租赁合同，约定将张某位于通州区的一套房屋租给李某居住。双方同时协议约定，因为履行合同发生纠纷，由合同签订地朝阳区人民法院管辖。合同履行期间双方产生纠纷，李某欲起诉张某。

问题：李某有权向哪个（些）法院起诉？

案例 5：王某在电商平台上购买了赵某（位于杭州市余杭区）店铺中的一款热水壶，确认收货地址为北京市海淀区。后王某收到货后发现该热水壶存在诸多问题，便联系赵某打算退货。而赵某却借口热水壶不存在质量问题，拒绝退货。无奈之下，王某只有将赵某诉至法院。

问题：王某有权向哪个（些）法院起诉？

案例 6：包童与李新签订房屋买卖合同，购买李新位于青山市花溪区的房屋一套。后因李新迟迟未将房屋办理过户登记，二人发生纠纷，包童遂向花溪区法院起诉，花溪区法院受理了该案。在审判期间，因青山市行政区划变动导致李新位于花溪区的房屋现归属于通达区。

问题：案件是否应移交给通达区法院审理？为什么？

案例 7：蒋四金起诉天堂保健公司违约纠纷一案，一审支持了蒋四金的诉讼请求。天堂保健公司不服提起上诉，法院驳回上诉、维持原判。该判决生效后，天堂保健公司申请再审，再审法院发回原审法院重审。在重审中，天堂保健公司提出管辖异议。

问题：请问法院该如何处理该管辖异议？

案例 1—问题：本案可以由哪个（些）法院管辖？为什么？

答案：本案可以由依云市定安县法院、南湖区法院、通达区法院、海淀区法院管辖。

追索赡养费（李贝起诉三个儿子要求增加赡养费）、抚养费、扶养费案件的几个被告住所地不在同一辖区的（李成：依云市通达区、李坤：青州市南湖区、李明：青山市海淀区），可以由原告住所地（李贝：依云市定安县）人民法院管辖。因此，既可以由这三个被告的住所地人民法院管辖，也可以由原告住所地人民法院管辖，即可以由依云市定安县法院、南湖区法院、通达区法院、海淀区法院管辖。

法条依据：《民诉法解释》第 9 条、《民事诉讼法》第 22 条第 1、3 款[①]。

案例 2—问题：本案可以由哪个（些）法院管辖？为什么？

答案：本案可以由 S 市三江区法院、S 市二河县法院管辖。

本案属于侵权纠纷案件，由侵权行为地（S 市三江区）或者被告住所地（张三：S 市二河县、王二：S 市三江区）法院管辖。因此，S 市三江区法院和 S 市二河县法院对本案享有管辖权。

法条依据：《民事诉讼法》第 29 条、《民诉法解释》第 24 条[②]。

案例 3—问题：本案可以由哪个（些）法院管辖？为什么？

答案：本案可以由 A 区法院、B 区法院管辖。

本案属于家具买卖合同纠纷，当事人（李四与王五）可以书面协议选择与争议有实际联系的地点的人民法院管辖（被告王五住所地：B 区，原告李四住所地：A 区），但不得违反关于级别管辖和专属管辖的规定。本案管辖协议约定了纠纷由两个以上与争议有实际联系地点的法院（A 区法院、B 区法院）管辖，原告可以选择向其中一个法院起诉。综上，本案可以由 A 区法院或 B 区法院管辖。

法条依据：《民事诉讼法》第 35 条、《民诉法解释》第 30 条第 2 款[③]。

案例 4—问题：李某有权向哪个（些）法院起诉？

答案：李某有权向通州区人民法院起诉。

本案属于房屋租赁合同纠纷，在地域确定上，适用专属管辖规则，应当由不动产所在地（通州区）法院专属管辖；双方当事人（张某和李某）的管辖协议因违反专属管辖的规定而无效。结合本案应由基层法院管辖的情形，李某有权向通州区人民法院起诉。

法条依据：《民事诉讼法》第 34 条、第 35 条、《民诉法解释》第 28 条第 2 款[④]。

[①] 《民诉法解释》第 9 条：追索赡养费、扶养费、抚养费案件的几个被告住所地不在同一辖区的，可以由原告住所地人民法院管辖。

《民事诉讼法》第 22 条第 1 款：对公民提起的民事诉讼，由被告住所地人民法院管辖；被告住所地与经常居住地不一致的，由经常居住地人民法院管辖。

《民事诉讼法》第 22 条第 3 款：同一诉讼的几个被告住所地、经常居住地在两个以上人民法院辖区的，各该人民法院都有管辖权。

[②] 《民事诉讼法》第 29 条：因侵权行为提起的诉讼，由侵权行为地或者被告住所地人民法院管辖。

《民诉法解释》第 24 条：民事诉讼法第二十九条规定的侵权行为地，包括侵权行为实施地、侵权结果发生地。

[③] 《民事诉讼法》第 35 条：合同或者其他财产权益纠纷的当事人可以书面协议选择被告住所地、合同履行地、合同签订地、原告住所地、标的物所在地等与争议有实际联系的地点的人民法院管辖，但不得违反本法对级别管辖和专属管辖的规定。

《民诉法解释》第 30 条第 2 款：管辖协议约定两个以上与争议有实际联系的地点的人民法院管辖，原告可以向其中一个人民法院起诉。

[④] 《民事诉讼法》第 34 条：下列案件，由本条规定的人民法院专属管辖：（一）因不动产纠纷提起的诉讼，由不动产所在地人民法院管辖；（二）因港口作业中发生纠纷提起的诉讼，由港口所在地人民法院管辖；（三）因继承遗产纠纷提起的诉讼，由被继承人死亡时住所地或者主要遗产所在地人民法院管辖。

《民事诉讼法》第 35 条：合同或者其他财产权益纠纷的当事人可以书面协议选择被告住所地、合同履行地、合同签订地、原告住所地、标的物所在地等与争议有实际联系的地点的人民法院管辖，但不得违反本法对级别管辖和专属管辖的规定。

《民诉法解释》第 28 条第 2 款：农村土地承包经营合同纠纷、房屋租赁合同纠纷、建设工程施工合同纠纷、政策性房屋买卖合同纠纷，按照不动产纠纷确定管辖。

案例 5—问题：王某有权向哪个（些）法院起诉？

答案：王某有权向**北京互联网法院、杭州互联网法院**起诉。

本案为**网络购物合同纠纷**，由**被告住所地**（赵某的住所地：杭州市余杭区）或**合同履行地**（收货地：北京市海淀区）法院管辖。结合本案由**基层法院管辖**的事实及**互联网法院集中管辖规则**，应由北京互联网法院、杭州互联网法院集中管辖对应辖区内基层法院管辖的互联网案件。综上，王某可向北京互联网法院、杭州互联网法院起诉。

法条依据：《民事诉讼法》第 24 条、《民诉法解释》第 20 条、《互联网法院审理案件规定》第 2 条第 1 项[①]。

案例 6—问题：案件是否应移交给通达区法院审理？ 为什么？

答案：**不应移交**。

有管辖权的人民法院（花溪区法院）受理案件后，**不得以行政区域变更为由**（原属于花溪区的房屋因行政区划的变动现归属于通达区），将案件移送给变更后有管辖权的人民法院（通达区法院）。

法条依据：《民诉法解释》第 38 条[②]。

案例 7—问题：请问法院该如何处理该管辖异议？

答案：**人民法院不予审查**。

人民法院**发回重审或者按第一审程序再审的案件**（天堂保健公司申请再审，再审法院**发回原审法院重审**），当事人（天堂保健公司）提出**管辖异议**的，人民法院**不予审查**。

法条依据：《民诉法解释》第 39 条第 2 款[③]。

（五）当事人

案例 1：李某为美美公司（电脑经销公司）的员工，主要负责公司客户的电脑维修工作。某日，李某在接到公司任务后赶到 A 市丁区金某家中，在维修金某电脑的过程中，因操作不当导致电脑爆炸，金某被炸伤，花去医疗费用 20 万元。金某向 A 市丁区法院提起侵权之诉。

问题：请问本案当事人如何列？

案例 2：吴勇因工作繁忙无暇照顾怀孕的妻子董珠，遂请求好友迟丽华来照顾董珠，并允以 200 元一天的劳务费。后迟丽华打扫房间卫生时，因操作不当，导致前来探望的邻居潘平受伤，而且还打坏了潘平的翡翠手镯。因协商赔偿未果，潘平欲向法院起诉。

[①] 《民事诉讼法》第 24 条：因合同纠纷提起的诉讼，由被告住所地或者合同履行地人民法院管辖。

《民诉法解释》第 20 条：以信息网络方式订立的买卖合同，通过信息网络交付标的的，以买受人住所地为合同履行地；通过其他方式交付标的的，收货地为合同履行地。合同对履行地有约定的，从其约定。

《互联网法院审理案件规定》第 2 条第 1 项：北京、广州、杭州互联网法院集中管辖所在市的辖区内应当由基层人民法院受理的下列第一审案件：(一) 通过电子商务平台签订或者履行网络购物合同而产生的纠纷。

[②] 《民诉法解释》第 38 条：有管辖权的人民法院受理案件后，不得以行政区域变更为由，将案件移送给变更后有管辖权的人民法院。判决后的上诉案件和依审判监督程序提审的案件，由原审人民法院的上级人民法院进行审判；上级人民法院指令再审、发回重审的案件，由原审人民法院再审或者重审。

[③] 《民诉法解释》第 39 条第 2 款：人民法院发回重审或者按第一审程序再审的案件，当事人提出管辖异议的，人民法院不予审查。

问题：请问本案的当事人如何列？

案例 3：11 岁的小杨通过爸爸老杨的手机解锁了一辆共享单车在小区内玩耍，由于初学自行车，控制不当，将同小区刘某的阿斯顿马丁跑车的倒车镜撞掉。因双方就赔偿数额始终无法达成一致，刘某现在欲提起诉讼。

问题：请问本案的当事人如何列？

案例 4：徐某开设打印设计中心并以自己名义登记领取了个体工商户营业执照，该中心未起字号。不久，徐某应征入伍，将该中心转让给同学李某经营，未办理工商变更登记。后该中心承接广告公司业务，款项已收却未能按期交货，遭广告公司起诉。

问题：本案的适格被告是谁？

案例 5：乙是 A 市的建材经销商，因资金周转困难，便从 A 市农业银行借款 50 万人民币，由其好友甲提供一般保证。后来乙经商失败，不能如期归还借款，于是农业银行欲向法院提起诉讼。

问题：若农业银行仅将甲列为被告，法院受理后在程序上应如何处理？

案例 6：蒋四金是天堂公司派遣到人间搬运公司的工作人员，在某次执行工作任务中，蒋四金不慎将路人蒋原则砸伤，后因赔偿问题发生纠纷，蒋原则欲起诉至法院。

问题：请问谁为本案的被告？

案例 7：王某有一辆起重车，为了方便工作开展，便向富强公司缴纳 5 万元管理费，将起重车挂靠于富强公司名下。一日在工地操作起重车的过程中，王某因为操作不当导致车辆侧翻，砸伤张某，协商未果之后，张某欲向法院起诉。

问题：请问本案的当事人如何列？

案例 8：赵某与刘某将共有商铺出租给陈某。后刘某私自与陈某签订房屋买卖合同，将商铺转让给陈某，现因该买卖合同履行发生纠纷，刘某将陈某诉至法院。赵某得知后，坚决不同意刘某将商铺让与陈某。

问题：若赵某参加诉讼，其诉讼地位是什么？

案例 9：新桥咖啡于 2022 年 2 月 14 日举办情人节活动，众多情侣在新桥咖啡消费完后，出现了食物中毒现象。目前已知的 26 位中毒情侣纷纷向法院起诉要求赔偿，此时尚未可知食用同种咖啡的顾客还有多少人。因此，法院受理案件后，发出了关于该案的公告。

问题：请问本案的诉讼代表人应如何确定？

案例 1—问题：请问本案当事人如何列？
答案：本案的原告为金某，被告为美美公司。
本案为侵权诉讼，金某为侵权行为的受害人，故金某为适格原告。法人（美美公司）的工作人员（李某）在执行工作任务的过程中造成他人损害的，应由法人（美美公司）承担侵权责任，故美美公司为被告。

法条依据：《民诉法解释》第 56 条[①]。

案例 2—问题：请问本案的当事人如何列？

答案：本案的原告为潘平，被告为吴勇。

本案为侵权诉讼，潘平为侵权行为的受害人，故潘平为适格原告。吴勇雇佣迟丽华照顾自己妻子的过程中，提供劳务的一方（迟丽华）因为劳务（打扫房间卫生）造成他人（邻居潘平）损害的，以接受劳务一方（吴勇）为被告，故吴勇为被告。

法条依据：《民诉法解释》第 57 条[②]。

案例 3—问题：请问本案的当事人如何列？

答案：本案的原告为刘某，被告为小杨和老杨。

本案为侵权纠纷，刘某为侵权行为受害人，故刘某为适格原告。限制民事行为能力人（11 岁的小杨）造成他人损害（将刘某跑车倒车镜撞坏）的，限制民事行为能力人（小杨）和其监护人（老杨）为共同被告，故小杨和老杨为共同被告。

法条依据：《民诉法解释》第 67 条[③]。

案例 4—问题：本案的适格被告是谁？

答案：本案的适格被告为李某和徐某。

在诉讼中，个体工商户有字号的，以营业执照上登记的字号为当事人，没有字号的（徐某开设打印设计中心未起字号），以营业执照上登记的经营者（徐某）为当事人。营业执照上登记的经营者（徐某）与实际经营者（李某）不一致的，以登记的经营者和实际经营者（徐某和李某）为共同诉讼人。

法条依据：《民诉法解释》第 59 条[④]。

案例 5—问题：若农业银行仅将甲列为被告，法院受理后在程序上应如何处理？

答案：应驳回起诉。

本案为金融借款合同纠纷，保证人（甲）提供一般保证。一般保证中，债权人（农业银行）以债务人（乙）为被告提起诉讼的，人民法院应予受理。债权人（农业银行）未就主合同纠纷提起诉讼或者申请仲裁，仅起诉一般保证人（甲）的，人民法院应当驳回起诉。

法条依据：《民法典担保制度解释》第 26 条第 1 款[⑤]。

---

① 《民诉法解释》第 56 条：法人或者其他组织的工作人员执行工作任务造成他人损害的，该法人或者其他组织为当事人。

② 《民诉法解释》第 57 条：提供劳务一方因劳务造成他人损害，受害人提起诉讼的，以接受劳务一方为被告。

③ 《民诉法解释》第 67 条：无民事行为能力人、限制民事行为能力人造成他人损害的，无民事行为能力人、限制民事行为能力人和其监护人为共同被告。

④ 《民诉法解释》第 59 条：在诉讼中，个体工商户以营业执照上登记的经营者为当事人。有字号的，以营业执照上登记的字号为当事人，但应同时注明该字号经营者的基本信息。

营业执照上登记的经营者与实际经营者不一致的，以登记的经营者和实际经营者为共同诉讼人。

⑤ 《民法典担保制度解释》第 26 条第 1 款：一般保证中，债权人以债务人为被告提起诉讼的，人民法院应予受理。债权人未就主合同纠纷提起诉讼或者申请仲裁，仅起诉一般保证人的，人民法院应当驳回起诉。

案例6—问题：请问谁为本案的被告？

答案：人间搬运公司为被告，若蒋原则主张天堂公司承担责任，则二者为共同被告。

在劳务派遣期间，被派遣的工作人员（蒋四金）因执行工作任务造成他人损害，应以接受劳务派遣的用工单位（人间搬运公司）为被告。若当事人（蒋原则）主张劳务派遣单位（天堂公司）承担责任，则天堂公司为共同被告。

法条依据：《民诉法解释》第58条[①]。

案例7—问题：请问本案的当事人如何列？

答案：本案的原告为张某，被告可仅列王某、仅列富强公司或将王某和富强公司列为共同被告，视原告主张而定。

本案为侵权纠纷，张某为侵权行为受害人，故张某为适格原告。以挂靠形式从事民事活动（王某将私有起重车挂靠于富强公司名下从事工作），当事人（张某）请求由挂靠人（王某）和被挂靠人（富强公司）依法承担民事责任的，该挂靠人（王某）和被挂靠人（富强公司）为共同诉讼人。当事人可以择一起诉也可以两者皆诉，故被告为王某或富强公司或王某和富强公司（视原告主张而定）。

法条依据：《民诉法解释》第54条[②]。

案例8—问题：若赵某参加诉讼，其诉讼地位是什么？

答案：赵某为有独立请求权的第三人。

对当事人双方的诉讼标的（刘某与陈某的买卖合同法律关系），第三人（赵某）有独立的请求权（赵某不是买卖合同关系一方当事人，其基于共有法律关系主张自己独立的权利），为有独立请求权的第三人。

法条依据：《民事诉讼法》第59条第1款[③]。

案例9—问题：请问本案的诉讼代表人应如何确定？

答案：首先由当事人推选，推选不出的，由法院提出人选与当事人协商；协商不成的，由法院指定。

当事人一方人数众多在起诉时不确定的（已有26位情侣因食用咖啡中毒起诉，尚未可知食用同款咖啡的顾客还有多少人），由当事人推选代表人。当事人推选不出的，可以由法院提出人选与当事人协商；协商不成的，也可以由法院在起诉的当事人中指定代表人。

法条依据：《民诉法解释》第77条[④]。

---

① 《民诉法解释》第58条：在劳务派遣期间，被派遣的工作人员因执行工作任务造成他人损害的，以接受劳务派遣的用工单位为当事人。当事人主张劳务派遣单位承担责任的，该劳务派遣单位为共同被告。

② 《民诉法解释》第54条：以挂靠形式从事民事活动，当事人请求由挂靠人和被挂靠人依法承担民事责任的，该挂靠人和被挂靠人为共同诉讼人。

③ 《民事诉讼法》第59条第1款：对当事人双方的诉讼标的，第三人认为有独立请求权的，有权提起诉讼。

④ 《民诉法解释》第77条：根据民事诉讼法第五十七条规定，当事人一方人数众多在起诉时不确定的，由当事人推选代表人。当事人推选不出的，可以由人民法院提出人选与当事人协商；协商不成的，也可以由人民法院在起诉的当事人中指定代表人。

（六）诉讼代理人

案例 1：张小三（6 岁）被李四打伤，张小三的父亲张三代理张小三向法院提起诉讼要求赔偿医药费，在诉讼中张三因意外事故死亡，法院裁定诉讼终结。

　　问题：法院的做法是否正确？

案例 2：郭某起诉妻子离婚，委托黄律师作为代理人，授权委托书中仅写明代理范围为"全权代理"。

　　问题 1：郭某能否以委托了黄律师代为诉讼为由不出庭参加诉讼？

　　问题 2：黄律师能否代替郭某放弃诉讼请求？

案例 1—问题：法院的做法是否正确？

答案：法院的做法**错误**。

在诉讼中，若原告（张小三）死亡的，可能导致当事人变更甚至诉讼终结的后果，若法定代理人（张小三的法定代理人张三）死亡，法院不应裁定诉讼终结，只需**另行指定监护人作为法定代理人继续诉讼**。

案例 2—问题 1：郭某能否以委托了黄律师代为诉讼为由不出庭参加诉讼？

答案：**不能**。

离婚案件有诉讼代理人（黄律师）的，本人（郭某）**除不能表达意思**的以外，**仍应出庭**；确因特殊情况无法出庭的，必须向人民法院提交**书面意见**。因此，郭某不能以委托了黄律师代为诉讼为由不出庭参加诉讼。

法条依据：《民事诉讼法》第 65 条[①]。

案例 2—问题 2：黄律师能否代替郭某放弃诉讼请求？

答案：**不能**。

委托人（郭某）的授权委托书仅写"**全权代理**"而无具体授权，**视为一般授权**，诉讼代理人（黄律师）**无权代为承认、放弃、变更诉讼请求**，进行和解，提出反诉或者提起上诉。

法条依据：《民诉法解释》第 89 条第 1 款[②]。

（七）证明与证据

案例 1：刘天起诉张文侵权纠纷一案，开庭前刘天约张文就案件相关事实进行协商，在交谈中，张文承认自己殴打了刘天，这一谈话被刘天录音提交法庭。

　　问题：请问张文的承认是否构成自认？

---

　　① 《民事诉讼法》第 65 条：离婚案件有诉讼代理人的，本人除不能表达意思的以外，仍应出庭；确因特殊情况无法出庭的，必须向人民法院提交书面意见。

　　② 《民诉法解释》第 89 条第 1 款：当事人向人民法院提交的授权委托书，应当在开庭审理前送交人民法院。授权委托书仅写"全权代理"而无具体授权的，诉讼代理人无权代为承认、放弃、变更诉讼请求，进行和解，提出反诉或者提起上诉。

案例 2：王某与 A 公司就买卖合同诉至法院，诉讼过程中，A 公司主张买卖合同已经解除。

问题：对于合同解除的事实应当由谁承担证明责任？

案例 3：哥哥王文诉弟弟王武遗产继承一案，王文向法院提交了一份其父生前所立遗嘱复印件，遗嘱中有"本遗嘱的原件由王武负责保管"字样，并有王武的签名。王文在举证期间书面申请法院责令王武提交遗嘱原件，法院通知王武提交，但王武无正当理由拒绝提交。

问题：在现有民事诉讼制度下，法院应当如何处理？

案例 4：在王某诉齐某合同纠纷一案中，法院发现该合同可能存在恶意串通损害第三人利益的事实。

问题：在此情况下法院是否可以主动收集证据？

案例 5：华某在餐馆就餐时，因结账出错与老板罗某发生争吵，将店内部分桌椅砸坏。双方就赔偿事宜协商无果，罗某向法院起诉并提交如下证据：①店内被砸坏的桌椅；②店内监控摄像头拍摄的全程视频（存储于电脑中）。

问题：请回答上述证据的分类。

案例 6：某小学组织学生去养老院送温暖的活动中，养老院的老人费某突发疾病打伤了带队老师李某。现李某欲提起诉讼要求赔偿损失，并申请目睹全过程的学生黄某（11 岁）出庭作证。

问题：黄某出庭时是否必须签署保证书？

案例 7：甲诉请乙返还借款 5 万元，为证明这一事实，甲向法院提交了乙书写的借据；乙则主张借款已经清偿，并向法院出示了甲交给他的收据。

问题："借据属于本证，收据属于反证"，这一说法是否正确？

案例 8：付某诉曹某财产损害赔偿纠纷中，蒋某认为：1.付某提交的被损害财产是证明遭受损失的直接证据。2.曹某的母亲侯某出庭作证，声称财产遭受损失的部分原因在于付某自身疏忽大意。侯某属于有利害关系的证人，其提供的证言不能作为定案依据。

问题：请评价上述说法。

案例 9：因小花、小草互殴，导致双方都住院治疗花费了 4000 元的医疗费用。后小花起诉小草要求赔偿医疗费，在诉讼中，小草也起诉小花要求其赔偿医疗费用。后法院将二诉合并审理，小草、小花都对互殴的事实予以承认。

问题：小花、小草是否需要对侵权行为提供证据证明？

案例 10：张大山在北京某野生动物园游览时，被性情异常的狮子袭击。张大山诉至法院，认为动物园管理措施不当致其受损，应担责。动物园辩称其管理不存在问题，张大山应当证明其管理不当。

问题：请评价动物园的说法。

案例 1—问题：请问张文的承认是否构成自认？

答案：不构成。

当事人（张文）在法庭审理中或起诉状、答辩状、代理词等书面材料中，对于己不利的事实明确表示承认的，另一方当事人（刘天）无需举证证明。但是本案中当事人（张文）在诉讼外（开庭前与刘天私下约谈中）承认于己不利的事实（承认自己殴打了刘天），应当比照一般的证据进行正常举证和质证，不能成为免除对方当事人（刘天）举证责任的法定事由，不产生自认的法律后果。

法条依据：《民诉法解释》第 92 条第 1 款①。

案例 2—问题：对于合同解除的事实应当由谁承担证明责任？

答案：应当由 A 公司承担。

本案属于合同纠纷案件，当事人（A 公司）主张法律关系变更、消灭（合同关系解除），应当对主张的事实（买卖合同已经解除）承担证明责任。

法条依据：《民诉法解释》第 91 条第 2 项②。

案例 3—问题：在现有民事诉讼制度下，法院应当如何处理？

答案：王文可只提交遗嘱的复印件，法院可认定王文所主张的遗嘱内容为真实。

（1）当原件（遗嘱原件）在对方当事人（王武）控制之下，经合法通知提交而拒不提交，当事人（王文）可以提交复制品（遗嘱复印件），法院应结合其他证据和案件具体情况，审查判断书证复制品（遗嘱复印件）能否作为认定案件事实的根据。

（2）对方当事人无正当理由拒不提交（法院通知王武提交，但王武无正当理由拒绝提交），人民法院可以认定申请人所主张的书证内容为真实（王文所主张的遗嘱内容为真实）。

法条依据：《民事诉讼法》第 73 条第 1 款、《民诉法解释》第 111 条第 1 款第 2 项、第 111 条第 2 款、《民诉法解释》第 112 条③。

案例 4—问题：在此情况下法院是否可以主动收集证据？

答案：可以。

人民法院在审理案件中发现当事人恶意串通损害他人合法权益的（王某与齐某订立的合同可能恶意

---

① 《民诉法解释》第 92 条第 1 款：一方当事人在法庭审理中，或者在起诉状、答辩状、代理词等书面材料中，对于己不利的事实明确表示承认的，另一方当事人无需举证证明。

② 《民诉法解释》第 91 条第 2 项：人民法院应当依照下列原则确定举证证明责任的承担，但法律另有规定的除外：（二）主张法律关系变更、消灭或者权利受到妨害的当事人，应当对该法律关系变更、消灭或者权利受到妨害的基本事实承担举证证明责任。

③ 《民事诉讼法》第 73 条第 1 款：书证应当提交原件。物证应当提交原物。提交原件或者原物确有困难的，可以提交复制品、照片、副本、节录本。

《民诉法解释》第 111 条第 1 款第 2 项：民事诉讼法第七十三条规定的提交书证原件确有困难，包括下列情形：（二）原件在对方当事人控制之下，经合法通知提交而拒不提交的。

《民诉法解释》第 111 条第 2 款：前款规定情形，人民法院应当结合其他证据和案件具体情况，审查判断书证复制品等能否作为认定案件事实的根据。

《民诉法解释》第 112 条：书证在对方当事人控制之下的，承担举证证明责任的当事人可以在举证期限届满前书面申请人民法院责令对方当事人提交。

申请理由成立的，人民法院应当责令对方当事人提交，因提交书证所产生的费用，由申请人负担。对方当事人无正当理由拒不提交的，人民法院可以认定申请人所主张的书证内容为真实。

串通损害第三人），人民法院可以依职权主动调查收集证据。

法条依据：《民事诉讼法》第 67 条第 2 款、《民诉法解释》第 96 条第 1 款第 4 项[①]。

案例 5—问题： 请回答上述证据的分类。

答案： 根据证据的法定分类，被砸坏的桌椅是物证，监控视频为电子数据；根据证据的理论分类，被砸坏的桌椅是间接证据、原始证据、本证，监控视频为直接证据、原始证据、本证。

（1）根据证据的法定分类，本案中被砸坏的桌椅，是以其客观存在的形态来证明案件事实，因此属于物证。监控录像存储于电脑硬盘的电子介质中，因此属于电子数据。

（2）根据证据的理论分类，被砸坏的桌椅不能单独、直接地证明案件事实，属于间接证据，监控视频能单独、直接地证明案件事实，属于直接证据。被砸坏的桌椅、监控视频都是直接来源于案件事实，属于原始证据。罗某对侵权事实承担证明责任，故被砸坏的桌椅、监控视频属于本证。

法条依据：《民诉法解释》第 116 条第 3 款[②]。

案例 6—问题： 黄某出庭时是否必须签署保证书？

答案： 不是必须。

人民法院应当要求证人在作证之前签署保证书，但无民事行为能力人和限制民事行为能力人（黄某11 岁，为限制民事行为能力人）作为证人的除外。因此，黄某不是必须要签署保证书。

法条依据：《民诉法解释》119 条第 1 款[③]。

案例 7—问题： "借据属于本证，收据属于反证"，这一说法是否正确？

答案： 这一说法错误。

本证是指在民事诉讼中负有证明责任的一方当事人提出的用于证明自己所主张事实的证据。本案中，甲对借款事实负有证明责任，提供借据用于证明自己主张的事实，因此是本证；乙对还款事实负有证明责任，提供的收据用于证明自己主张的事实，因此也是本证。

案例 8—问题： 请评价上述说法。

答案： 说法 1 正确，说法 2 错误。

（1）直接证据是指能够单独地、直接地证明待证事实（被损害财产可以直接证明付某遭受损失的事实）的证据，因此付某提交的被损害财产是遭受损失的直接证据，说法 1 正确。

（2）与一方当事人或者其代理人有利害关系的证人陈述的证言（被告曹某的母亲侯某提供的证言）不得单独作为认定案件事实的依据。侯某的证言可以作为证据使用，只是不得单独作为定案依据，说法2 错误。

---

① 《民事诉讼法》第 67 条第 2 款：当事人及其诉讼代理人因客观原因不能自行收集的证据，或者人民法院认为审理案件需要的证据，人民法院应当调查收集。

《民诉法解释》第 96 条第 1 款第 4 项：民事诉讼法第六十七条第二款规定的人民法院认为审理案件需要的证据包括：（四）当事人有恶意串通损害他人合法权益可能的。

② 《民诉法解释》第 116 条第 3 款：存储在电子介质中的录音资料和影像资料，适用电子数据的规定。

③ 《民诉法解释》第 119 条第 1 款：人民法院在证人出庭作证前应当告知其如实作证的义务以及作伪证的法律后果，并责令其签署保证书，但无民事行为能力人和限制民事行为能力人除外。

案例 9—问题：小花、小草是否需要对侵权行为提供证据证明？

答案：小花、小草不需要对侵权行为提供证据证明。

一方当事人（小花、小草）在法庭审理中，或者在起诉状、答辩状、代理词等书面材料中，对于己不利的事实明确表示承认的（小花、小草承认互殴），另一方当事人（小草、小花）无需举证证明。

法条依据:《民诉法解释》第 92 条第 1 款[1]。

案例 10—问题：请评价动物园的说法。

答案：动物园的说法错误。

动物园的动物（北京某野生动物园的狮子）造成他人（游客张大山）损害的，动物园（北京某野生动物园）应当承担侵权责任；但是，能够证明尽到管理职责的，不承担侵权责任。因此，动物园（北京某野生动物园）应承担过错推定责任，需要对自己无过错进行举证，而非由他人（游客张大山）证明动物园有过错。

法条依据:《民法典》第 1248 条[2]。

（八）法院调解

案例 1：2014 年 5 月 2 日，甲乘坐的航班下落不明，各方寻找无果。乙系甲的妻子，2020 年 5 月 8 日，乙向法院申请宣告甲死亡。

问题：法院能否调解？

案例 2：蒋原则起诉与妻子张某离婚，同时主张抚养小孩、分割房屋和存款。在诉讼过程中，双方当事人在法院主持下达成以下调解协议：解除婚姻关系、蒋原则抚养小孩并分得房屋；张某分得存款及双方共同经营的杂货店。

问题：该调解协议的效力如何？

案例 3：在一起借款纠纷中，蒋四金起诉蒋五金，要求蒋五金在 1 个月内偿还借款本金及利息 15 万元，法院予以受理。后来考虑到双方多年的交情，双方私下达成了和解协议，约定蒋五金在半年内分 3 期偿还 15 万元。

问题：现蒋四金和蒋五金申请法院根据和解协议制作调解书，法院如何处理？

案例 4：张明与王光借款纠纷一案，法院在双方当事人同意的情况下组织调解，最终王光和张明达成协议：张明在一年内偿还 20 万本金及利息，由张明的朋友小六担保。法院根据调解协议制作了调解书，并将调解书送达张明、王光以及小六，张明和王光先后签收了调解书，但小六拒不签收调解书。

问题：调解书是否发生法律效力？ 若生效则何时生效？ 请说明理由。

---

[1]《民诉法解释》第 92 条第 1 款：一方当事人在法庭审理中，或者在起诉状、答辩状、代理词等书面材料中，对于己不利的事实明确表示承认的，另一方当事人无需举证证明。

[2]《民法典》第 1248 条：动物园的动物造成他人损害的，动物园应当承担侵权责任；但是，能够证明尽到管理职责的，不承担侵权责任。

案例1—问题： 法院能否调解？

答案： 不能。

适用特别程序（宣告死亡）的案件，法院不得调解。

法条依据：《民诉法解释》第143条①。

案例2—问题： 该调解协议的效力如何？

答案： 该调解协议有效。

调解协议内容（离婚，抚养小孩，分割房屋、存款和杂货店）超出诉讼请求（离婚，抚养小孩，分割房屋和存款）的，人民法院可以准许。因此，该调解协议有效。

法条依据：《民事调解规定》第7条②。

案例3—问题： 现蒋四金和蒋五金申请法院根据和解协议制作调解书，法院如何处理？

答案： 法院可以根据当事人的申请依法确认和解协议制作调解书。

当事人自行达成和解协议的（本案中双方自愿达成和解协议，由蒋五金在半年内分期偿还15万元），法院可以根据当事人的申请依法确认和解协议制作调解书。

法条依据：《民事调解规定》第2条第1款③。

案例4—问题： 调解书是否发生法律效力？若生效则何时生效？请说明理由。

答案：（1）该调解书发生法律效力。

案外人（小六）提供担保的，人民法院制作调解书应当列明担保人，并将调解书送交担保人；但担保人（小六）不签收调解书的，不影响调解书生效。因此，虽小六拒签调解书，该调解书发生法律效力。

法条依据：《民事调解规定》第9条第2款④。

（2）调解书自王光签收调解书之后生效。

调解书需经当事人（张明和王光）签收后才发生法律效力的，应当以最后收到调解书的当事人签收的日期（本案中王光是后签收调解书的当事人）为调解书生效日期。因此，调解书自王光签收之后生效。

法条依据：《民诉法解释》第149条⑤。

（九）普通程序

案例1： 某大学4名师生联名起诉甲公司污染某条大河，请求法院判决甲公司出资治理该河流的污染。

问题： 请问法院应如何处理？

---

① 《民诉法解释》第143条：适用特别程序、督促程序、公示催告程序的案件，婚姻等身份关系确认案件以及其他根据案件性质不能进行调解的案件，不得调解。

② 《民事调解规定》第7条：调解协议内容超出诉讼请求的，人民法院可以准许。

③ 《民事调解规定》第2条第1款：当事人在诉讼过程中自行达成和解协议的，人民法院可以根据当事人的申请依法确认和解协议制作调解书。双方当事人申请庭外和解的期间，不计入审限。

④ 《民事调解规定》第9条第2款：案外人提供担保的，人民法院制作调解书应当列明担保人，并将调解书送交担保人。担保人不签收调解书的，不影响调解书生效。

⑤ 《民诉法解释》第149条：调解书需经当事人签收后才发生法律效力的，应当以最后收到调解书的当事人签收的日期为调解书生效日期。

案例 2：甲乙欲离婚，但因儿子丙的抚养问题产生纠纷并诉至法院，法院判决丙跟随甲生活，乙每月支付 500 元生活费用。后丙患病，需要日常服用昂贵药品，甲携子生活入不敷出、深感无力，遂向法院起诉乙，要求其每月支付 1000 元生活费用。

问题：针对甲的起诉，法院应当如何处理？

案例 3：蒋六金诉蒋五金支付赡养费案件，在开庭前三天蒋六金死亡。

问题：法院可否裁定诉讼中止？

案例 4：某法院在审理林广木和李森的买卖纠纷案时，林广木的女儿林夕提出林广木是精神病人，申请法院确认林广木为无民事行为能力人。

问题：请问法院应当如何处理？

案例 5：齐某起诉宋某要求返还借款 8 万元，法院适用普通程序审理并向双方当事人送达出庭传票，因被告宋某不在家，宋某的妻子代其签收了传票。开庭时，被告宋某未到庭。经查，宋某知悉诉讼事宜后即离家出走，下落不明。

问题：请问法院应当如何处理？

案例 6：甲公司起诉乙公司支付货款，法院作出乙公司支付货款的生效判决后，乙公司分立为丙公司和丁公司，丙公司以未参与诉讼为由拒绝支付货款。

问题：如何评价丙公司？

案例 1—问题：请问法院应如何处理？

答案：裁定不予受理。

对污染环境等损害社会公共利益的行为（甲公司污染某大河），应由法律规定的机关和有关组织向人民法院提起诉讼，4 名师生联名不符合起诉条件（原告不适格）。因此，法院应当裁定不予受理。

法条依据：《民事诉讼法》第 122 条①。

案例 2—问题：针对甲的起诉，法院应当如何处理？

答案：作为新案件受理。

本案为抚养费案件，裁判发生法律效力后，因出现新情况、新理由（丙日常服用昂贵药物，之前判决的费用不能满足丙的实际需求），当事人（甲）再行起诉要求增加费用（从 500 元/月增加至 1000 元/月）的，法院应作为新案件受理。

法条依据：《民诉法解释》第 218 条②。

---

① 《民事诉讼法》第 122 条：起诉必须符合下列条件：（一）原告是与本案有直接利害关系的公民、法人和其他组织；（二）有明确的被告；（三）有具体的诉讼请求和事实、理由；（四）属于人民法院受理民事诉讼的范围和受诉人民法院管辖。

② 《民诉法解释》第 218 条：赡养费、扶养费、抚养费案件，裁判发生法律效力后，因新情况、新理由，一方当事人再行起诉要求增加或者减少费用的，人民法院应作为新案受理。

案例3—问题：法院可否裁定诉讼中止？

答案： 法院<u>不可以</u>裁定诉讼中止。

本案属于追索<u>赡养费案件</u>，一方当事人（蒋六金）死亡，诉讼程序继续进行<u>已没有必要</u>，法院应当裁定<u>诉讼终结</u>。

法条依据：《民事诉讼法》第 154 条第 4 项[①]。

案例4—问题：请问法院应当如何处理？

答案： 法院应当<u>裁定中止诉讼</u>。

本案的审理需要<u>以另一案</u>（林夕申请确认林广木为无民事行为能力人）<u>审理的结果为依据</u>（林广木的行为能力直接影响合同效力），而<u>另一案尚未审结</u>的，法院应当裁定诉讼中止。

法条依据：《民事诉讼法》第 153 条第 1 款第 5 项[②]。

案例5—问题：请问法院应当如何处理？

答案： 法院对本案可以进行<u>缺席判决</u>。

本案中，被告（宋某）的妻子代为签收了传票，视为已经送达了传票，被告（宋某）<u>经传票传唤</u>后，离家出走，<u>无正当理由拒不到庭</u>，且本案系借贷纠纷，被告（宋某）<u>非必须到庭</u>，故对其可以缺席判决。

法条依据：《民事诉讼法》第 147 条[③]。

案例6—问题：如何评价丙公司？

答案： 丙公司<u>不能以未参与诉讼为由拒绝支付货款</u>。

<u>生效判决具有既判力</u>，对于自然人死亡或法人合并、分立等，权利义务承受者（丙公司和丁公司）应当<u>受到原判决既判力的约束</u>。因此丙公司不能以未参与诉讼为由拒绝支付货款。

（十）简易程序与小额诉讼程序

案例 1： 刘宝认为刘可现在手上戴着的手镯应归其所有，并存有购买该手镯的票据。刘宝后来得知，该手镯是 A 市 B 县法院判给刘可的，遂起诉要求撤销该生效判决，法院认为该案符合适用简易程序的条件，遂适用简易程序审理该案。

问题： 法院适用简易程序的做法是否正确？

案例 2： 刘某与张某因借款合同发生纠纷，刘某向甲区法院提起诉讼，法院受理案件后，决定适用普通程序进行审理。开庭后刘某和张某为了能尽快结案，均建议法院适用简易程序对案件进行审理，法院遂适用简易程序作出判决。

---

① 《民事诉讼法》第 154 条第 4 项：有下列情形之一的，终结诉讼：（四）追索赡养费、扶养费、抚养费以及解除收养关系案件的一方当事人死亡的。

② 《民事诉讼法》第 153 条第 1 款第 5 项：有下列情形之一的，中止诉讼：（五）本案必须以另一案的审理结果为依据，而另一案尚未审结的。

③ 《民事诉讼法》第 147 条：被告经传票传唤，无正当理由拒不到庭的，或者未经法庭许可中途退庭的，可以缺席判决。

问题：甲区法院的做法是否正确？

案例 3：刘某与张某因借款合同发生纠纷，后刘某向甲区法院提起诉讼，法院受理案件后，决定适用简易程序进行审理。张某闻讯为躲债离家出走，下落不明。法院判决后采取公告方式送达该判决书。

问题：甲区法院的做法是否正确？

案例 4：刘民起诉要求其子刘宝向其支付赡养费 1000 元，但刘宝否认与刘民存在父子关系，A 市 B 县法院适用小额诉讼程序审理本案后，判决刘宝支付赡养费 1000 元。

问题：A 市 B 县法院的做法是否正确？

案例 1—问题：法院适用简易程序的做法是否正确？

答案：不正确。

第三人（刘宝）起诉请求改变或者撤销生效判决（A 市 B 县法院将手镯判给刘可）、裁定、调解书的，不适用简易程序。因此，A 市 B 县法院做法不正确。

法条依据：《民诉法解释》第 257 条第 6 项[①]。

案例 2—问题：甲区法院的做法是否正确？

答案：不正确。

根据法律规定，已经按照普通程序审理的案件（甲区法院受理案件后决定适用普通程序进行审理），在开庭后不得转为简易程序审理。因此，甲区法院的做法不正确。

法条依据：《民诉法解释》第 260 条[②]。

案例 3—问题：甲区法院的做法是否正确？

答案：不正确。

适用简易程序的案件（甲区法院决定适用简易程序进行审理），不适用公告送达（甲区法院不能采取公告方式送达判决书）。

法条依据：《民诉法解释》第 140 条[③]。

案例 4—问题：A 市 B 县法院的做法是否正确？

答案：不正确。

人身关系案件（刘宝否认与刘民存在父子关系）不适用小额诉讼程序审理，A 市 B 县法院的做法不正确。

法条依据：《民事诉讼法》第 166 条第 1 项[④]。

[①]《民诉法解释》第 257 条第 6 项：下列案件，不适用简易程序：（六）第三人起诉请求改变或者撤销生效判决、裁定、调解书的。

[②]《民诉法解释》第 260 条：已经按照普通程序审理的案件，在开庭后不得转为简易程序审理。

[③]《民诉法解释》第 140 条：适用简易程序的案件，不适用公告送达。

[④]《民事诉讼法》第 166 条第 1 项：人民法院审理下列民事案件，不适用小额诉讼的程序：（一）人身关系、财产确权案件。

（十一）公益诉讼

案例 1：大洲公司超标排污导致河流污染，公益环保组织甲向 A 市中级法院提起公益诉讼，请求判令大洲公司停止侵害并赔偿损失。法院受理后，在公告期间，公益环保组织乙也向 A 市中级法院提起公益诉讼，请求判令大洲公司停止侵害、赔偿损失和赔礼道歉。

问题：A 市中院应如何处理乙组织的起诉？

案例 2：某品牌手机生产商在手机出厂前预装众多程序，大幅侵占标明内存，某省消费者保护协会以侵害消费者知情权为由提起公益诉讼，法院受理了该案。后该协会向法院申请撤诉，法院直接以其无撤诉权为由不予准许，后法院开庭审理并作出判决。

问题：如何评价法院不予准许协会撤诉的做法？

案例 3：迪迪工厂排放污水，造成附近的河流严重污染，蓝天环保组织（符合起诉条件）提起公益诉讼，法院依法受理。

问题 1：诉讼过程中，迪迪工厂与蓝天环保组织达成和解，法院应如何处理？

问题 2：诉讼过程中，迪迪工厂欲提起反诉，法院应当如何处理？

问题 3：排污行为受害人张某申请加入公益诉讼，法院应当如何处理？

案例 1—问题：A 市中院应如何处理乙组织的起诉？

答案：A 市中院应允许乙组织参加诉讼，与甲组织列为共同原告。

人民法院（A 市中院）受理公益诉讼案件后，依法可以提起诉讼的其他机关和有关组织（乙组织），可以在开庭前向人民法院申请参加诉讼。人民法院准许参加诉讼的，列为共同原告。

法条依据：《民诉法解释》第 285 条①。

案例 2—问题：如何评价法院不予准许协会撤诉的做法？

答案：法院的做法错误。

公益诉讼案件中的原告有撤诉权，但原告在法庭辩论终结后申请撤诉的，法院不予准许。法院不得以原告（省消协）无撤诉权为由不予准许撤诉。

法条依据：《民诉法解释》第 288 条②。

案例 3—问题 1：诉讼过程中，迪迪工厂与蓝天环保组织达成和解，法院应如何处理？

答案：当事人达成和解协议后（迪迪工厂与蓝天环保组织达成和解），法院应当将和解协议进行公告，公告期间不得少于三十日。公告期满后，人民法院经审查，和解协议不违反社会公共利益的，应当出具调解书；和解协议违反社会公共利益的，不予出具调解书，继续对案件进行审理并依法作出裁判。

---

① 《民诉法解释》第 285 条：人民法院受理公益诉讼案件后，依法可以提起诉讼的其他机关和有关组织，可以在开庭前向人民法院申请参加诉讼。人民法院准许参加诉讼的，列为共同原告。

② 《民诉法解释》第 288 条：公益诉讼案件的原告在法庭辩论终结后申请撤诉的，人民法院不予准许。

法条依据:《民诉法解释》第 287 条第 2、3 款[①]。

案例 3—问题 2：诉讼过程中，迪迪工厂欲提起反诉，法院应当如何处理?

答案：法院应当不予受理。

环境民事公益诉讼案件审理过程中，被告（迪迪工厂）以反诉方式提出诉讼请求的，人民法院不予受理。

法条依据:《环境民事公益诉讼案件解释》第 17 条[②]。

案例 3—问题 3：排污行为受害人张某申请加入公益诉讼，法院应当如何处理?

答案：法院应当告知其另行起诉。

人民法院受理环境民事公益诉讼后，公民（张某）以人身、财产受到损害为由申请参加诉讼的，人民法院应当告知其另行起诉。

法条依据:《环境民事公益诉讼案件解释》第 10 条第 3 款[③]。

（十二）第三人撤销之诉

案例 1：张三与李四因买卖合同纠纷诉至 A 区人民法院，法院受理后作出判决（双方均未上诉），王五知晓后向法院提起三撤之诉，法院受理后经审查认为该案与王五无关。

问题：法院应当如何处理王五的请求?

案例 2：赵武向好友周在化借玛莎拉蒂表白成功后一直未归还该车。后赵武将该车以 80 万元的价格卖给了王聪，约定在王聪付款 5 日后交付。王聪依约付了全款，但赵武迟迟未交付。王聪诉至龙江市丙区法院，得到判决支持。赵武未上诉，判决生效。后周在化得知此事后，向丙区法院提起三撤之诉。

问题：三撤之诉的当事人如何确定?

案例 1—问题：法院应当如何处理王五的请求?

答案：应判决驳回王五的诉讼请求。

法院收到第三人（王五）的三撤之诉请求，经审理发现请求不成立的（法院经审查发现该案与王五无关），应判决驳回诉讼请求。

法条依据:《民诉法解释》第 298 条第 1 款第 3 项[④]。

---

① 《民诉法解释》第 287 条第 2、3 款：当事人达成和解或者调解协议后，人民法院应当将和解或者调解协议进行公告。公告期间不得少于三十日。

公告期满后，人民法院经审查，和解或者调解协议不违反社会公共利益的，应当出具调解书；和解或者调解协议违反社会公共利益的，不予出具调解书，继续对案件进行审理并依法作出裁判。

② 《环境民事公益诉讼案件解释》第 17 条：环境民事公益诉讼案件审理过程中，被告以反诉方式提出诉讼请求的，人民法院不予受理。

③ 《环境民事公益诉讼案件解释》第 10 条第 3 款：公民、法人和其他组织以人身、财产受损害为由申请参加诉讼的，告知其另行起诉。

④ 《民诉法解释》第 298 条第 1 款第 3 项：对第三人撤销或者部分撤销发生法律效力的判决、裁定、调解书内容的请求，人民法院经审理，按下列情形分别处理：(三)请求不成立的，驳回诉讼请求。

案例2—问题：三撤之诉的当事人如何确定？

答案：周在化为原告，赵武和王聪为被告。

第三人（周在化）提起第三人撤销之诉的，法院应该将第三人（周在化）列为原告，原审原告（王聪）和原审被告（赵武）为被告，且生效判决中不存在不承担责任的无独立请求权第三人，故本案周在化为原告，赵武和王聪为被告。

法条依据：《民诉法解释》第296条[①]。

（十三）第二审程序

案例1：甲乙丙发生交通事故纠纷，丙为无独立请求权第三人，一审法院审理后，判决乙丙各承担50%的责任。

问题：在判决生效前，若丙对判决不服，能否提起上诉？

案例2：蒋四金与蒋五金因产品侵权诉至法院，蒋四金诉请蒋五金赔偿其损失共计5万元，一审法院全部支持其诉讼请求，蒋五金不服提起上诉，二审法院审理过程中，二人达成和解协议。

问题：蒋四金与蒋五金达成和解协议后案件如何处理？

案例3：张三与李四合同纠纷一案，一审中李四提出管辖异议，一审法院予以驳回，并最终判决支持张三的全部诉求。李四不服法院管辖异议的裁定，提起上诉，二审法院予以受理。

问题：二审法院的审理组织如何组成？

案例4：杨峰因与张得美感情不和起诉离婚，一审判决准予离婚。张得美不服准予离婚的判决，提起上诉。经过审理，二审法院判决准予离婚，并对二人婚后财产进行了分割。

问题：二审法院的做法是否合法？

案例5：张三的劳斯莱斯与李四的自行车发生碰撞，李四受伤住院花费10万元，李四的自行车将劳斯莱斯车漆蹭掉一大块。李四提起诉讼要求张三赔偿损失10万元，一审判决张三赔偿李四医疗费10万元，张三不服提起上诉。在二审中，张三请求李四赔偿车门喷漆费用20万元。

问题：请问二审法院就张三的赔偿请求应如何处理？

案例6：小花、小红、小黄系三姐妹，因父母遗产发生纠纷，一审法院判决小花继承40%、小红、小黄各自继承30%。小红不服提起上诉，认为自己对父母尽主要赡养义务应当分50%，剩余份额由小花、小黄平均分割。

问题：二审当事人如何确定？

案例1—问题：在判决生效前，若丙对判决不服，能否提起上诉？

答案：丙可以上诉。

---

① 《民诉法解释》第296条：第三人提起撤销之诉，人民法院应当将该第三人列为原告，生效判决、裁定、调解书的当事人列为被告，但生效判决、裁定、调解书中没有承担责任的无独立请求权的第三人列为第三人。

在一审诉讼中，无独立请求权的第三人（丙）无权提出管辖异议，无权放弃、变更诉讼请求或者申请撤诉，被判决承担民事责任的（一审判决乙丙各承担 50% 的责任），有权提起上诉。

法条依据：《民诉法解释》第 82 条[①]。

案例 2—问题：蒋四金与蒋五金达成和解协议后案件如何处理？

答案：蒋四金可以申请撤回起诉、蒋五金可以申请撤回上诉或者双方可以申请制作调解书。

（1）第二审程序中，原审原告（蒋四金）申请撤回起诉，经其他当事人（蒋五金）同意，且不损害国家利益、社会公共利益、他人合法权益的，人民法院可以准许。准许撤诉的，应当一并裁定撤销一审裁判。原审原告（蒋四金）在第二审程序中撤回起诉后重复起诉的，人民法院不予受理。

（2）第二审程序中，当事人（蒋五金）申请撤回上诉，人民法院经审查认为一审判决确有错误，或者当事人（蒋四金和蒋五金）之间恶意串通损害国家利益、社会公共利益、他人合法权益的，不应准许（本题不属于这两种情况）。申请撤回上诉的，原一审裁判生效，一方当事人（蒋四金或蒋五金）不履行和解协议，另一方当事人（蒋五金或蒋四金）可以申请法院执行一审裁判。

（3）当事人（蒋四金和蒋五金）在第二审程序中达成和解协议的，人民法院可以根据当事人（蒋四金和蒋五金）的请求，对双方达成的和解协议进行审查并制作调解书送达当事人（蒋四金和蒋五金）。一方不履行和解协议的，另一方可以申请强制执行调解书。

法条依据：《民诉法解释》第 335 条、第 336 条、第 337 条[②]。

案例 3—问题：二审法院的审理组织如何组成？

答案：二审应当由审判员组成合议庭审理，符合条件的，也可由审判员一人独任审理。

二审应当由审判员组成合议庭审理，但是中级人民法院对于不服裁定（李四不服管辖权异议裁定）提起上诉的第二审民事案件，事实清楚、权利义务关系明确的，经双方当事人（张三与李四）同意，可以由审判员一人独任审理。

法条依据：《民事诉讼法》第 41 条第 2 款[③]。

案例 4—问题：二审法院的做法是否合法？

答案：二审法院对婚后财产分割的判决不合法。

第二审人民法院应当围绕当事人的上诉请求（张得美仅对一审准予离婚的判决不服）进行审理，当事人没有提出请求的（张得美未对财产分割提出请求），不予审理。二审法院的做法违反了处分原则并且违背两审终审制，剥夺了当事人对该请求上诉救济的权利。因此，二审法院对婚后财产分割的判决不合法。

[①]《民诉法解释》第 82 条：在一审诉讼中，无独立请求权的第三人无权提出管辖异议，无权放弃、变更诉讼请求或者申请撤诉，被判决承担民事责任的，有权提起上诉。

[②]《民诉法解释》第 335 条：在第二审程序中，当事人申请撤回上诉，人民法院经审查认为一审判决确有错误，或者当事人之间恶意串通损害国家利益、社会公共利益、他人合法权益的，不应准许。

《民诉法解释》第 336 条：在第二审程序中，原审原告申请撤回起诉，经其他当事人同意，且不损害国家利益、社会公共利益、他人合法权益的，人民法院可以准许。准许撤诉的，应当一并裁定撤销一审裁判。

原审原告在第二审程序中撤回起诉后重复起诉的，人民法院不予受理。

《民诉法解释》第 337 条：当事人在第二审程序中达成和解协议的，人民法院可以根据当事人的请求，对双方达成的和解协议进行审查并制作调解书送达当事人；因和解而申请撤诉，经审查符合撤诉条件的，人民法院应予准许。

[③]《民事诉讼法》第 41 条第 2 款：中级人民法院对第一审适用简易程序审结或者不服裁定提起上诉的第二审民事案件，事实清楚、权利义务关系明确的，经双方当事人同意，可以由审判员一人独任审理。

法条依据:《民诉法解释》第 321 条[①]。

案例 5—问题：请问二审法院就张三的赔偿请求应如何处理？

答案：二审法院可以先进行调解，调解不成的，告知另行起诉。张三与李四同意由二审法院对该请求一并审理的，可以一并裁判。

二审程序中，原审被告（张三）提出反诉（要求李四赔偿车门喷漆费用 20 万元），二审法院可根据自愿原则进行调解，调解不成的，告知当事人（张三）另行起诉。双方当事人（张三与李四）同意由二审法院一并审理的，可以一并裁判。

法条依据:《民诉法解释》第 326 条[②]。

案例 6—问题：二审当事人如何确定？

答案：小红为上诉人、小花和小黄为被上诉人。

提出上诉且有上诉权的为上诉人（小红提出上诉且其具有合法的上诉权），故小红为上诉人。假设上诉人诉请得到支持（小红的继承份额由 30% 变为 50%），利益受损的人（小花的继承份额由 40% 变为 25%，小黄的继承份额由 30% 变为 25%）为被上诉人，剩下的人按原审地位列明。因此，小花和小黄为被上诉人。

法条依据:《民诉法解释》第 317 条[③]。

（十四）审判监督程序

案例 1：张某诉甲公司劳动报酬纠纷一案判决生效后，甲公司以法院剥夺其辩论权为由申请再审，在法院审查甲公司再审申请期间，检察院对该案提出抗诉。

问题：在当前民事诉讼制度下，法院应当如何处理？

案例 2：曹某起诉要求乐乐公司履行交付空调的合同义务，经县市两级人民法院审理，曹某均胜诉。后乐乐公司以原判决认定事实的主要证据是曹某伪造的为由，向省高院申请再审，法院裁定再审后，曹某变更诉讼请求为解除合同，且要求乐乐公司支付迟延履行金 2 万元。

问题 1：针对曹某在法院裁定再审后变更的诉讼请求，法院应当如何处理？

问题 2：若再审判决书出现明显错误，乐乐公司应当如何处理？

案例 3：赵某不慎遗失一部名牌手机，后张某捡到该手机。赵某知晓后要求张某返还，张某拒绝，赵某无奈只能向甲市 A 区法院提起诉讼，A 区法院判决张某返还手机。判决生效后，张某不服该判决，

[①] 《民诉法解释》第 321 条：第二审人民法院应当围绕当事人的上诉请求进行审理。

当事人没有提出请求的，不予审理，但一审判决违反法律禁止性规定，或者损害国家利益、社会公共利益、他人合法权益的除外。

[②] 《民诉法解释》第 326 条：在第二审程序中，原审原告增加独立的诉讼请求或者原审被告提出反诉的，第二审人民法院可以根据当事人自愿的原则就新增加的诉讼请求或者反诉进行调解；调解不成的，告知当事人另行起诉。

双方当事人同意由第二审人民法院一并审理的，第二审人民法院可以一并裁判。

[③] 《民诉法解释》第 317 条：必要共同诉讼人的一人或者部分人提起上诉，按下列情形分别处理：（一）上诉仅对与对方当事人之间权利义务分担有意见，不涉及其他共同诉讼人利益的，对方当事人为被上诉人，未上诉的同一方当事人依原审诉讼地位列明；（二）上诉仅对共同诉讼人之间权利义务分担有意见，不涉及对方当事人利益的，未上诉的同一方当事人为被上诉人，对方当事人依原审诉讼地位列明；（三）上诉对双方当事人之间以及共同诉讼人之间权利义务承担有意见的，未提起上诉的其他当事人均为被上诉人。

欲申请再审。此时钱某以赵某与张某恶意串通遗失事实侵吞自己的手机为由提起了第三人撤销之诉。

　　问题 1：张某可向哪个（些）法院申请再审？

　　问题 2：若法院在审理钱某提起的第三人撤销之诉期间启动了再审程序，此时应当如何处理？

　　问题 3：若法院审理后发现手机并非钱某所有，法院应当如何处理？

　　案例 4：李某诉谭某返还借款一案，甲市乙区法院按照小额诉讼案件进行审理，判决谭某返还借款。判决生效后，谭某以李某伪造借条为由向法院申请再审。法院经审查，裁定予以再审。

　　问题：本案中谭某应当向哪个（些）法院申请再审？若再审法院审理后维持原审判决的，谭某能否上诉？

　　案例 1—问题：在当前民事诉讼制度下，法院应当如何处理？

　　答案：法院应当<u>直接裁定再审</u>。

　　检察院抗诉的案件，接受抗诉的法院应当<u>自收到抗诉书之日起三十日内作出再审的裁定</u>。当事人（甲公司）申请再审与检察院抗诉的目的是一致的，都是要启动再审程序。因此，法院无需再审查当事人（甲公司）的再审申请，应当直接裁定再审。

　　法条依据：《民事诉讼法》第 222 条①。

　　案例 2—问题 1：针对曹某在法院裁定再审后变更的诉讼请求，法院应当如何处理？

　　答案：法院应当<u>不予审理</u>，符合另案诉讼条件的，<u>告知另诉</u>。

　　法院审理再审案件<u>应当围绕再审请求进行</u>。当事人（曹某）的再审请求<u>超出原审诉讼请求的</u>（变更诉讼请求为解除合同且要求乐乐公司支付迟延履行金 2 万元），<u>不予审理</u>；<u>符合另案诉讼条件的</u>，告知当事人（曹某）可以<u>另行起诉</u>。

　　法条依据：《民诉法解释》第 403 条第 1 款②。

　　案例 2—问题 2：若再审判决书出现明显错误，乐乐公司应当如何处理？

　　答案：乐乐公司可以<u>向人民检察院申请检察建议或抗诉</u>。

　　<u>再审判决、裁定有明显错误的</u>（本案再审判决书出现明显错误），当事人（乐乐公司）可以向人民检察院<u>申请检察建议或者抗诉</u>。

　　法条依据：《民事诉讼法》第 220 条第 1 款③。

　　案例 3—问题 1：张某可向哪个（些）法院申请再审？

　　答案：张某既可以向<u>甲市 A 区法院</u>申请再审，也可以向<u>甲市中院</u>申请再审。

　　当事人（张某）对已经发生法律效力的判决、裁定（甲市 A 区法院判决张某返还手机），认为有错

　　① 《民事诉讼法》第 222 条：人民检察院提出抗诉的案件，接受抗诉的人民法院应当自收到抗诉书之日起三十日内作出再审的裁定；有本法第二百一十一条第一项至第五项规定情形之一的，可以交下一级人民法院再审，但经该下一级人民法院再审的除外。

　　② 《民诉法解释》第 403 条第 1 款：人民法院审理再审案件应当围绕再审请求进行。当事人的再审请求超出原审诉讼请求的，不予审理；符合另案诉讼条件的，告知当事人可以另行起诉。

　　③ 《民事诉讼法》第 220 条第 1 款：有下列情形之一的，当事人可以向人民检察院申请检察建议或者抗诉：（一）人民法院驳回再审申请的；（二）人民法院逾期未对再审申请作出裁定的；（三）再审判决、裁定有明显错误的。

误的，可以向上一级人民法院（甲市中院）申请再审；当事人一方人数众多或者当事人双方为公民（张某与赵某）的案件，也可以向原审人民法院（甲市 A 区法院）申请再审。

法条依据：《民事诉讼法》第 210 条[①]。

案例 3—问题 2：若法院在审理钱某提起的第三人撤销之诉期间启动了再审程序，此时应当如何处理？

答案：法院应当先行审理第三人撤销之诉案件，裁定中止再审诉讼。

第三人撤销之诉案件审理期间（法院审理钱某提起的第三人撤销之诉期间），法院对生效判决裁定再审的，应当裁定将第三人的诉讼请求并入再审程序。但有证据证明原审当事人之间恶意串通损害第三人合法权益的（钱某提起第三人撤销之诉的原因在于张某与赵某之间存在恶意串通），法院应当先行审理第三人撤销之诉案件，裁定中止再审程序。

法条依据：《民诉法解释》第 299 条[②]。

案例 3—问题 3：若法院审理后发现手机并非钱某所有，法院应当如何处理？

答案：应当驳回钱某诉讼请求，继续审理再审诉讼。

对钱某提出的第三人撤销之诉，法院经审理，认为请求不成立（涉案手机并非钱某的手机）的，应当驳回诉讼请求，继续审理再审诉讼。

法条依据：《民诉法解释》第 298 条第 1 款第 3 项[③]。

案例 4—问题：本案中谭某应当向哪个（些）法院申请再审？ 若再审法院审理后维持原审判决的，谭某能否上诉？

答案：应当向甲市乙区法院申请再审。谭某不可以上诉。

对小额诉讼案件的判决，当事人（谭某）以《民事诉讼法》211 条规定的事由（李某伪造借条——主要证据是伪造的）向原审人民法院（甲市乙区法院）申请再审，人民法院（甲市乙区法院）应当受理，申请再审事由成立的，应当裁定再审。作出的再审判决、裁定（再审法院审理后维持原判决），当事人（谭某）不得上诉。

法条依据：《民诉法解释》第 424 条第 1 款[④]。

（十五）执行程序

案例 1：金通区法院经过一审，判决张水流向刁某利、杨某艳归还借款。在判决生效后，张水流迟

---

① 《民事诉讼法》第 210 条：当事人对已经发生法律效力的判决、裁定，认为有错误的，可以向上一级人民法院申请再审；当事人一方人数众多或者当事人双方为公民的案件，也可以向原审人民法院申请再审。当事人申请再审的，不停止判决、裁定的执行。

② 《民诉法解释》第 299 条：第三人撤销之诉案件审理期间，人民法院对生效判决、裁定、调解书裁定再审的，受理第三人撤销之诉的人民法院应当裁定将第三人的诉讼请求并入再审程序。但有证据证明原审当事人之间恶意串通损害第三人合法权益的，人民法院应当先行审理第三人撤销之诉案件，裁定中止再审诉讼。

③ 《民诉法解释》第 298 条第 1 款第 3 项：对第三人撤销或者部分撤销发生法律效力的判决、裁定、调解书内容的请求，人民法院经审理，按下列情形分别处理：（三）请求不成立的，驳回诉讼请求。

④ 《民诉法解释》第 424 条第 1 款：对小额诉讼案件的判决、裁定，当事人以民事诉讼法第二百零七条（现为二百一十一条）规定的事由向原审人民法院申请再审的，人民法院应当受理。申请再审事由成立的，应当裁定再审，组成合议庭进行审理。作出的再审判决、裁定，当事人不得上诉。

觉晓法考 **法考必练案例题——民事诉讼法 139 问**

迟不履行给付义务，刁某利、杨某艳遂向金通区法院申请执行。法院发现张水流可供执行的财产不足以清偿所有债务，遂决定进行参与分配。法院制作了分配方案，送达各当事人，刁某利在收到该方案后 15 日内提出异议，法院依法通知了其他债权人和债务人。

问题： 如果杨某艳对刁某利提出的异议持反对意见，法院可以怎样处理？

案例 2： 因王大勇拖欠王仙 20 万元借款，王仙诉至法院，法院判决王大勇支付 20 万元。王仙在 2015 年 12 月向平阳县法院申请强制执行，因王大勇无其他财产，平阳县法院遂将其家中唯一的字画列为执行标的。此时，王大勇的朋友李爱国向平阳县法院提出异议，称王大勇家中的字画是自己借给王大勇欣赏的，所有权归自己所有。

问题： 李爱国如果要主张对字画的权利，可以采用什么方式？

案例 3： 王女士购买李某店铺的护肤品，后发现是假货，于是王女士将李某诉至法院请求赔偿。经审理，法院依法作出判决。在执行程序中，王女士与李某达成了和解协议，约定将李某在广州的一处商铺过户给王女士以抵偿相应的款项。执行人员将该和解协议记入笔录，王女士和李某签字。

问题： 若李某不履行执行和解协议，王女士该如何救济？

案例 4： 大周因生意周转向小刘借款 50 万，后因大周无力归还，小刘将大周诉至法院。法院判决大周偿还借款本息共计 55 万。判决生效后，小刘申请法院强制执行，黄某相信大周的生意具有发展潜力，愿意以自己价值 100 万的房产为大周提供执行担保，经小刘同意后，法院决定暂缓执行。

问题： 若暂缓执行期限届满，大周仍未履行判决内容，法院可以怎样处理？

案例 5： 张三与李四借款纠纷一案，张三持生效判决书向法院申请强制执行，因李四名下并无其他财产，执行法院遂查封了李四名下的商品房一套。后发现，查封的商品房为李四与其前妻王芳共同所有。

问题： 法院执行过程中应如何分割该商品房？

案例 1—问题： 如果杨某艳对刁某利提出的异议持反对意见，法院可以怎样处理？

答案： 若未提出异议的债权人（杨某艳）持反对意见，应当通知异议人（刁某利）。异议人（刁某利）可以自收到通知之日起十五日内，以提出反对意见的债权人（杨某艳）为被告，向执行法院（金通区法院）提起诉讼；异议人（刁某利）逾期未提起诉讼的，执行法院（金通区法院）按照原分配方案进行分配。

法条依据：《民诉法解释》第 510 条第 1 款、第 2 款①。

案例 2—问题： 李爱国如果要主张对字画的权利，可以采用什么方式？

答案： 李爱国可以提对执行标的的异议，异议被驳回后可以提执行异议之诉。

① 《民诉法解释》第 510 条第 1 款：债权人或者被执行人对分配方案提出书面异议的，执行法院应当通知未提出异议的债权人、被执行人。
《民诉法解释》第 510 条第 2 款：未提出异议的债权人、被执行人自收到通知之日起十五日内未提出反对意见的，执行法院依异议人的意见对分配方案审查修正后进行分配；提出反对意见的，应当通知异议人。异议人可以自收到通知之日起十五日内，以提出反对意见的债权人、被执行人为被告，向执行法院提起诉讼；异议人逾期未提起诉讼的，执行法院按照原分配方案进行分配。

执行过程中，案外人（李爱国）对执行标的（字画）提出书面异议的，人民法院应当自收到书面异议之日起十五日内审查，理由成立的，裁定中止对该标的的执行；理由不成立的，裁定驳回。案外人（李爱国）对裁定不服，与原判决、裁定无关的（判决的是偿还借款20万，执行的是字画），可以自裁定送达之日起十五日内向人民法院提起执行异议之诉。

法条依据：《民事诉讼法》第238条[①]。

案例3—问题：若李某不履行执行和解协议，王女士该如何救济？

答案：王女士可以申请恢复执行原生效法律文书，也可以依据执行和解协议向执行法院起诉。

被执行人一方（李某）不履行执行和解协议的，申请执行人（王女士）可以申请恢复执行原生效法律文书，也可以就履行执行和解协议向执行法院提起诉讼。

法条依据：《执行和解规定》第9条[②]。

案例4—问题：若暂缓执行期限届满，大周仍未履行判决内容，法院可以怎样处理？

答案：法院可以直接执行黄某的房产，但应当以履行义务部分的财产为限。

被执行人（大周）在人民法院决定暂缓执行的期限届满后仍不履行义务的，人民法院可以直接执行担保财产（黄某的房产），或者裁定执行担保人的财产，但执行担保人的财产以担保人（黄某）应当履行义务部分的财产为限。

法条依据：《民诉法解释》第469条[③]。

案例5—问题：法院执行过程中应如何分割该商品房？

答案：法院在查封该房屋后，应及时通知共有人王芳。共有人可以通过协议方式或诉讼方式分割该房屋。

（1）协议方式分割：共有人（李四和王芳）协议分割共有财产（商品房），分割协议经债权人（张三）认可的，法院可以认定有效。查封的效力及于协议分割后被执行人（李四）享有份额内的财产；对其他共有人（王芳）享有份额内的财产的查封，法院应当裁定予以解除。

（2）诉讼方式分割：共有人（李四和王芳）提起析产诉讼或者申请执行人（张三）代位提起析产诉讼，法院应当准许。诉讼期间中止对商品房的执行。

法条依据：《民事执行中查封、扣押、冻结财产的规定》第12条[④]。

① 《民事诉讼法》第238条：执行过程中，案外人对执行标的提出书面异议的，人民法院应当自收到书面异议之日起十五日内审查，理由成立的，裁定中止对该标的的执行；理由不成立的，裁定驳回。案外人、当事人对裁定不服，认为原判决、裁定错误的，依照审判监督程序办理；与原判决、裁定无关的，可以自裁定送达之日起十五日内向人民法院提起诉讼。

② 《执行和解若干规定》第9条：被执行人一方不履行执行和解协议的，申请执行人可以申请恢复执行原生效法律文书，也可以就履行执行和解协议向执行法院提起诉讼。

③ 《民诉法解释》第469条：被执行人在人民法院决定暂缓执行的期限届满后仍不履行义务的，人民法院可以直接执行担保财产，或者裁定执行担保人的财产，但执行担保人的财产以担保人应当履行义务部分的财产为限。

④ 《民事执行中查封、扣押、冻结财产的规定》第12条：对被执行人与其他人共有的财产，人民法院可以查封、扣押、冻结，并及时通知共有人。

共有人协议分割共有财产，并经债权人认可的，人民法院可以认定有效。查封、扣押、冻结的效力及于协议分割后被执行人享有份额内的财产；对其他共有人享有份额内的财产的查封、扣押、冻结，人民法院应当裁定予以解除。

共有人提起析产诉讼或者申请执行人代位提起析产诉讼的，人民法院应当准许。诉讼期间中止对该财产的执行。

（十六）仲裁程序

案例 1： 铁柱和春花签订买卖合同，双方约定，与合同有关的任何争议均提交 A 市仲裁委解决。后双方产生纠纷，春花向 A 市仲裁委提出仲裁申请，双方在仲裁庭的调解下，达成调解协议。

问题： 仲裁庭是否应当制作调解书或者裁决书？

案例 2： 刘昌和何七因房屋租赁合同产生纠纷向仲裁委申请仲裁，仲裁庭作出裁决后，刘昌向法院申请强制执行，何七则向法院申请撤销仲裁裁决。

问题： 如法院撤销仲裁裁决，刘昌、何七可以通过什么方式解决纠纷？ 理由是什么？

案例 3： 张某根据与刘某达成的仲裁协议，向某仲裁委员会申请仲裁。在仲裁中，双方达成和解协议并申请依和解协议作出裁决书。裁决书作出后，刘某拒不履行其义务，张某向法院申请强制执行，而刘某则向法院申请裁定不予执行该仲裁裁决。

问题： 法院应当如何处理？

案例 4： 甲公司和乙公司签订了一份买卖合同，并在合同中约定若因为履行本合同产生纠纷，既可以向 A 仲裁委申请仲裁，也可以向甲公司住所地 B 区法院起诉。

问题 1： 甲公司和乙公司达成的仲裁协议效力如何？

问题 2： 双方因为合同履行发生争议，甲公司向 A 仲裁委申请仲裁，乙公司在仲裁庭开庭后提出异议，主张仲裁协议无效。此时仲裁庭应当如何处理？

案例 5： 吴某和孙某签订了一份买卖合同，并在合同中约定因履行合同产生的所有纠纷，均由 A 仲裁委员会处理。后吴某在合同履行地 B 区法院起诉孙某，孙某在答辩状中未提出管辖权异议，但在开庭过程中主张本案应当由 A 仲裁委仲裁，法院无管辖权。

问题： 法院应当如何处理？

案例 1—问题： 仲裁庭是否应当制作调解书或者裁决书？
答案： 应当。
调解达成协议的（铁柱和春花达成调解协议），仲裁庭应当制作调解书或者根据协议的结果制作裁决书。调解书与裁决书具有同等法律效力。
法条依据：《仲裁法》第 51 条第 2 款①。

案例 2—问题： 如法院撤销仲裁裁决，刘昌、何七可以通过什么方式解决纠纷？ 理由是什么？
答案： 刘昌、何七可以通过重新达成仲裁协议申请仲裁或者向法院起诉的方式解决纠纷。
因仲裁裁决被法院依法裁定撤销，当事人（刘昌、何七）就该纠纷可以根据双方重新达成的仲裁协议申请仲裁，也可以向法院起诉。

---

① 《仲裁法》第 51 条第 2 款：调解达成协议的，仲裁庭应当制作调解书或者根据协议的结果制作裁决书。调解书与裁决书具有同等法律效力。

法条依据：《仲裁法》第9条第2款^①。

案例3—问题：法院应当如何处理？

答案：法院应当继续执行，不予审查是否具有不予执行仲裁裁决的情形。

当事人（刘某）请求不予执行根据当事人之间的和解协议作出的仲裁裁决书（裁决书是根据张某与刘某达成的和解协议作出的）的，人民法院应当不予支持，继续执行。

法条依据：《仲裁法解释》第28条^②。

案例4—问题1：甲公司和乙公司达成的仲裁协议效力如何？

答案：甲公司和乙公司达成的仲裁协议无效。

当事人（甲公司、乙公司）约定争议可以向仲裁机构申请仲裁（可以向A仲裁委申请仲裁）也可以向人民法院起诉的（可以向B区法院起诉），仲裁协议无效。但一方向仲裁机构（A仲裁委）申请仲裁，另一方未在仲裁庭首次开庭前提出异议的除外。

法条依据：《仲裁法解释》第7条^③。

案例4—问题2：双方因为合同履行发生争议，甲公司向A仲裁委申请仲裁，乙公司在仲裁庭开庭后提出异议，主张仲裁协议无效。此时仲裁庭应当如何处理？

答案：仲裁庭应当继续仲裁。

当事人对仲裁协议的效力有异议（乙公司认为仲裁协议无效），应当在仲裁庭首次开庭前提出。乙公司在仲裁庭开庭后才提出异议，仲裁庭应当继续仲裁。

法条依据：《仲裁法》第20条第2款^④。

案例5—问题：法院应当如何处理？

答案：法院应当继续审理。

当事人（吴某、孙某）达成仲裁协议（约定因履行合同产生的纠纷均由A仲裁委员会处理），一方向人民法院起诉未声明有仲裁协议（吴某在合同履行地B区法院起诉孙某），人民法院受理后，另一方在首次开庭前未对人民法院受理该案提出异议的（孙某在答辩状中未提出管辖权异议，在开庭过程中主张应当由A仲裁委仲裁），视为放弃仲裁协议，人民法院应当继续审理。

法条依据：《仲裁法》第26条^⑤。

---

① 《仲裁法》第9条第2款：裁决被人民法院依法裁定撤销或者不予执行的，当事人就该纠纷可以根据双方重新达成的仲裁协议申请仲裁，也可以向人民法院起诉。

② 《仲裁法解释》第28条：当事人请求不予执行仲裁调解书或者根据当事人之间的和解协议作出的仲裁裁决书的，人民法院不予支持。

③ 《仲裁法解释》第7条：当事人约定争议可以向仲裁机构申请仲裁也可以向人民法院起诉的，仲裁协议无效。但一方向仲裁机构申请仲裁，另一方未在仲裁法第二十条第二款规定期间内提出异议的除外。

④ 《仲裁法》第20条第2款：当事人对仲裁协议的效力有异议，应当在仲裁庭首次开庭前提出。

⑤ 《仲裁法》第26条：当事人达成仲裁协议，一方向人民法院起诉未声明有仲裁协议，人民法院受理后，另一方在首次开庭前提交仲裁协议的，人民法院应当驳回起诉，但仲裁协议无效的除外；另一方在首次开庭前未对人民法院受理该案提出异议的，视为放弃仲裁协议，人民法院应当继续审理。

二、重点真题 ①

案例1（17年）

2013年5月，居住在S市二河县的郝志强、迟丽华夫妻将二人共有的位于S市三江区的三层楼房出租给包童新居住，协议是以郝志强的名义签订的。2015年3月，住所地在S市四海区的温茂昌从该楼房底下路过，被三层掉下的窗户玻璃砸伤，花费医疗费8500元。

就温茂昌受伤赔偿问题，利害关系人有关说法是：包童新承认当时自己开了窗户，但没想到玻璃会掉下，应属窗户质量问题，自己不应承担责任；郝志强认为窗户质量没有问题，如果不是包童新使用不当，窗户玻璃不会掉下；此外，温茂昌受伤是在该楼房院子内，作为路人的温茂昌不应未经楼房主人或使用权人同意擅自进入院子里，也有责任；温茂昌认为自己是为了躲避路上的车辆而走到该楼房旁边的，不知道这个区域已属个人私宅的范围。为此，温茂昌将郝志强和包童新诉至法院，要求他们赔偿医疗费用。

法院受理案件后，向被告郝志强、包童新送达了起诉状副本等文件。在起诉状、答辩状中，原告和被告都坚持协商过程中自己的理由。开庭审理5天前，法院送达人员将郝志强和包童新的传票都交给包童新，并告知其将传票转交给郝志强。开庭时，温茂昌、包童新按时到庭，郝志强迟迟未到庭。法庭询问包童新是否将出庭传票交给了郝志强，包童新表示4天之前就交了。法院据此在郝志强没有出庭的情况下对案件进行审理并作出了判决，判决郝志强与包童新共同承担赔偿责任：郝志强赔偿4000元，包童新赔偿4500元，两人相互承担连带责任。

一审判决送达后，郝志强不服，提起上诉，认为一审审理程序上存在瑕疵，要求二审法院将案件发回重审。包童新、温茂昌没有提起上诉。

问题1：哪个（些）法院对本案享有管辖权？为什么？

问题2：本案的当事人确定是否正确？为什么？

问题3：本案涉及的相关案件事实应由谁承担证明责任？

问题4：一审案件的审理在程序上有哪些瑕疵？二审法院对此应当如何处理？

---

① 2018年法考改革之后，民诉与民法等科目融合为一道民商诉综合题目，故2018年往后的民诉仿真题统一放置于民法139问之中。

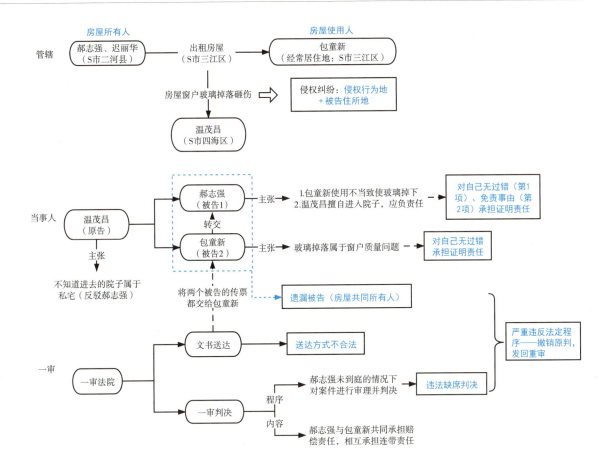

问题1—哪个（些）法院对本案享有管辖权？为什么？

答案： S市三江区法院和S市二河县法院对本案享有管辖权。

本案为侵权纠纷，适用特殊地域管辖规则，由侵权行为地（S市三江区）或者被告住所地（郝志强住所地：S市二河县；包童新住所地：S市三江区）法院管辖。故S市三江区法院和S市二河县法院对本案有管辖权。

法条依据：《民事诉讼法》第29条[①]。

问题2—本案的当事人确定是否正确？为什么？

答案： 本案一审当事人的确定不完全正确（或部分正确、部分错误）。

温茂昌作为原告，郝志强、包童新作为被告正确，遗漏迟丽华为被告错误：

（1）温茂昌是受害人，与案件的处理结果有直接的利害关系（被坠落玻璃砸伤），作为原告，正确。

（2）建筑物、构筑物或者其他设施及其搁置物、悬挂物发生脱落坠落造成他人损害（玻璃坠落砸伤温茂昌），所有人（郝志强、迟丽华）、管理人或者使用人（包童新）不能证明自己没有过错的，应当承担侵权责任。郝志强为楼房所有人，包童新为楼房使用人，作为被告，正确。

（3）迟丽华作为楼房的所有人之一，没有列为被告，属于遗漏当事人，错误。

---

① 《民事诉讼法》第29条：因侵权行为提起的诉讼，由侵权行为地或者被告住所地人民法院管辖。

法条依据:《民法典》第 1253 条^①。

问题 3——本案涉及的相关案件事实应由谁承担证明责任?

答案: 本案属于建筑物、构筑物或者其他设施及其搁置物、悬挂物发生脱落、坠落造成他人损害的侵权纠纷案件,根据谁主张谁举证的分配原则,结合本案为过错归责,存在过错倒置的情形,在证明责任分配上:

(1)原告(温茂昌)应当对侵权行为、损害结果、因果关系承担证明责任,故郝志强为该楼所有人的事实、包童新为该楼使用人的事实、该楼三层掉下的窗户玻璃砸伤温茂昌的事实、温茂昌受伤状况的事实、温茂昌治伤花费医疗费 8500 元的事实等应由温茂昌承担证明责任。

(2)被告(包童新)应就不存在过错及免责事由承担证明责任,故窗户质量存在问题的事实应由包童新承担证明责任。

(3)被告(郝志强)也应就不存在过错及免责事由承担证明责任,故包童新使用窗户不当的事实、温茂昌未经楼房的主人或使用权人的同意擅自进到楼房的院子里的事实应由郝志强承担证明责任。

法条依据:《民诉法解释》第 91 条、《民法典》第 1253 条^②。

问题 4——一审案件的审理在程序上有哪些瑕疵? 二审法院对此应当如何处理?

答案:(1)一审案件的审理在程序上存在如下瑕疵:

①遗漏被告(迟丽华),迟丽华作为楼房所有人之一,应当作为被告参加诉讼。

②根据法律规定,送达诉讼文书原则上应当直接送交受送达人(郝志强),一审法院通过包童新向受送达人(郝志强)送达开庭传票没有法律根据。

③法院未依法向被告(郝志强)送达开庭传票,进而导致案件缺席判决,不符合作出缺席判决的条件,并严重限制了被告(郝志强)辩论权的行使。

(2)二审法院应当裁定撤销原判决,发回重审。原一审判决遗漏必须参加诉讼的当事人(被告迟丽华)或者违法缺席判决(违法缺席裁判剥夺当事人郝志强的辩论权利)等严重违反法定程序的,应当裁定撤销原判决,发回原审人民法院重审。

法条依据:《民事诉讼法》第 88 条第 1 款、第 177 条第 1 款第 4 项、《民诉法解释》第 323 条^③。

---

① 《民法典》第 1253 条:建筑物、构筑物或者其他设施及其搁置物、悬挂物发生脱落、坠落造成他人损害,所有人、管理人或者使用人不能证明自己没有过错的,应当承担侵权责任。所有人、管理人或者使用人赔偿后,有其他责任人的,有权向其他责任人追偿。

② 《民诉法解释》第 91 条:人民法院应当依照下列原则确定举证证明责任的承担,但法律另有规定的除外:(一)主张法律关系存在的当事人,应当对产生该法律关系的基本事实承担举证证明责任;(二)主张法律关系变更、消灭或者权利受到妨害的当事人,应当对该法律关系变更、消灭或者权利受到妨害的基本事实承担举证证明责任。

③ 《民事诉讼法》第 88 条第 1 款:送达诉讼文书,应当直接送交受送达人。受送达人是公民的,本人不在交他的同住成年家属签收;受送达人是法人或者其他组织的,应当由法人的法定代表人、其他组织的主要负责人或者该法人、组织负责收件的人签收;受送达人有诉讼代理人的,可以送交其代理人签收;受送达人已向人民法院指定代收人的,送交代收人签收。

《民事诉讼法》第 177 条第 1 款第 4 项:第二审人民法院对上诉案件,经过审理,按照下列情形,分别处理:(四)原判决遗漏当事人或者违法缺席判决等严重违反法定程序的,裁定撤销原判决,发回原审人民法院重审。

《民诉法解释》第 323 条:下列情形,可以认定为民事诉讼法第一百七十七条第一款第四项规定的严重违反法定程序:(一)审判组织的组成不合法的;(二)应当回避的审判人员未回避的;(三)无诉讼行为能力人未经法定代理人代为诉讼的;(四)违法剥夺当事人辩论权利的。

案例2（16年）

陈某转让一辆中巴车给王某但未办过户。王某为了运营，与明星汽运公司签订合同，明确挂靠该公司，王某每月向该公司交纳500元，该公司为王某代交规费、代办各种运营手续、保险等。明星汽运公司依约代王某向鸿运保险公司支付了该车的交强险费用。

2015年5月，王某所雇司机华某驾驶该中巴车致行人李某受伤，交警大队认定中巴车一方负全责，并出具事故认定书。但华某认为该事故认定书有问题，提出虽肇事车辆车速过快，但李某横穿马路没有走人行横道，对事故发生也负有责任。因赔偿问题协商无果，李某将王某和其他相关利害关系人诉至F省N市J县法院，要求王某、相关利害关系人向其赔付治疗费、误工费、交通费、护理费等费用。被告王某委托N市甲律师事务所刘律师担任诉讼代理人。

案件审理中，王某提出其与明星汽运公司存在挂靠关系、明星汽运公司代王某向保险公司交纳了该车的交强险费用、交通事故发生时李某横穿马路没走人行横道等事实；李某陈述了自己受伤、治疗、误工、请他人护理等事实。诉讼中，各利害关系人对上述事实看法不一。李某为支持自己的主张，向法院提交了因误工被扣误工费、为就医而支付交通费、请他人护理而支付护理费的书面证据。但李某声称治疗的相关诊断书、处方、药费和治疗费的发票等不慎丢失，其向医院收集这些证据遭拒绝。李某向法院提出书面申请，请求法院调查收集该证据，J县法院拒绝。

在诉讼中，李某向J县法院主张自己共花治疗费36650元，误工费、交通费、护理费共计12000元。被告方仅认可治疗费用15000元。J县法院对案件作出判决，在治疗费方面支持了15000元。双方当事人都未上诉。

一审判决生效一个月后，李某聘请N市甲律师事务所张律师收集证据、代理本案的再审，并商定实行风险代理收费，约定按协议标的额的35%收取律师费。经律师说服，医院就李某治伤的相关诊断书、处方、药费和治疗费的支付情况出具了证明，李某据此向法院申请再审，法院受理了李某的再审申请并裁定再审。

再审中，李某提出增加赔付精神损失费的诉讼请求，并要求张律师一定坚持该意见，律师将其写入诉状。

问题1：本案的被告是谁？简要说明理由。

问题2：就本案相关事实，由谁承担证明责任？简要说明理由。

问题3：交警大队出具的事故认定书，是否当然就具有证明力？简要说明理由。

问题4：李某可以向哪个（些）法院申请再审？其申请再审所依据的理由应当是什么？

问题5：再审法院应当按照什么程序对案件进行再审？再审法院对李某增加的再审请求，应当如何处理？简要说明理由。

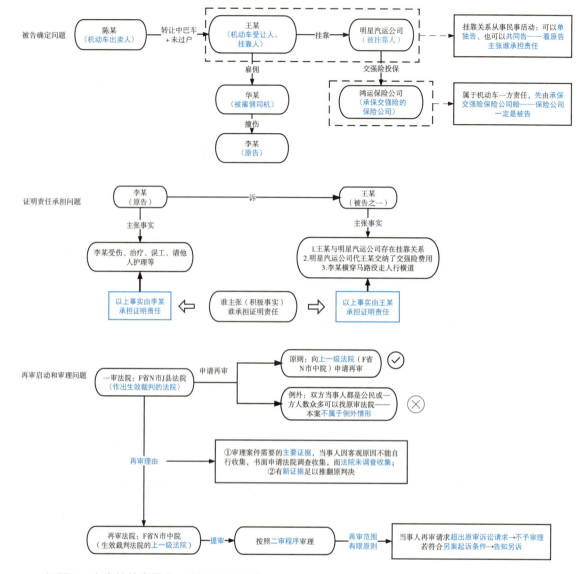

问题 1—本案的被告是谁？简要说明理由。

答案：（1）当事人之间已经以买卖等方式**转让并交付机动车但未办理所有权转移登记**（陈某转让一辆中巴车给王某但未办理过户），发生交通事故造成损害，属于该机动车一方责任的（交警大队认定中巴车一方负全责），由**受让人**（王某）承担赔偿责任，故而机动车出卖人（陈某）不应作为被告。

（2）提供劳务一方（华某）因劳务造成他人损害（撞伤李某），受害人（李某）提起诉讼的，以**接受劳务一方**（王某）为被告，故而司机华某不应作为被告。

（3）机动车发生交通事故造成损害，属于该机动车一方责任的，先由**保险公司**（鸿运保险公司）**在机动车强制保险责任限额范围内予以赔偿**，故保险公司（鸿运保险公司）应为被告。

（4）因王某以挂靠形式从事民事活动，故本案被告有三种情况：

①若原告（李某）**主张挂靠人和被挂靠人承担责任的**，则挂靠人（王某）、**被挂靠人**（明星汽运公司）、**保险公司**（鸿运保险公司）**为共同被告**；

②若原告（李某）**主张挂靠方担责**，挂靠人（王某）和保险公司（鸿运保险公司）为被告；

③若原告（李某）**主张被挂靠人担责，被挂靠方**（明星汽运公司）和**保险公司**（鸿运保险公司）为被告。

法条依据：《民法典》第 1210 条、第 1213 条，《民诉法解释》第 54 条、第 57 条①。

问题 2——就本案相关事实，由谁承担证明责任？ 简要说明理由。

答案：本案相关事实不存在特殊情形，则由对应的事实主张者承担证明责任即可：

（1）王某与明星汽运公司**存在挂靠关系的事实**由**王某提出**，故由**王某承担证明责任**；

（2）明星汽运公司**依约代王某**向鸿运保险公司**交纳了该车的强制保险费用的事实**由**王某提出**，故由**王某承担证明责任**；

（3）交通事故发生时**李某横穿马路没走人行通道的事实**由**王某提出**，故由**王某承担证明责任**；

（4）**李某受伤状况、治疗状况、误工状况、请他人护理状况等事实**由**李某提出**，故由**李某承担证明责任**。

法条依据：《民诉法解释》第 91 条②。

问题 3——交警大队出具的事故认定书，是否当然就具有证明力？ 简要说明理由。

答案：交警大队出具的事故认定书**不当然具有证明力**。

人民法院对有关单位（交警大队）和个人提出的**证明文书**（事故认定书），**应当辨别真伪，审查确定其效力**。因此，交警大队出具的事故认定书作为证据的一种，其证明力须经法院审查后确定。

法条依据：《民事诉讼法》第 70 条第 2 款③。

问题 4——李某可以向哪个（些）法院申请再审？ 其申请再审所依据的理由应当是什么？

答案：（1）李某可以向 **F 省 N 市中级法院**申请再审。

当事人（李某）对已经发生法律效力的判决，认为有错误的，可以向**上一级人民法院**（F 省 N 市中级法院）申请再审。本案**不属于当事人一方人数众多或者当事人双方为公民的案件**（本案中被告之一鸿运保险公司为法人），**不能向原审法院申请再审**。因此，李某只能向 **F 省 N 市中级法院**申请再审。

（2）再审理由①：对审理案件需要的**主要证据**（治疗的相关诊断书、处方、药费和治疗费的发票等），当事人（李某）**因客观原因不能自行收集**（证据不慎丢失后向医院收集遭拒绝），**书面申请人民法院**（J 县法院）**调查收集，人民法院未调查收集**。

再审理由②：**有新的证据**（医院就李某治伤的相关诊断书、处方、药费和治疗费的支付情况出具了证明），**足以推翻原判决**。

---

① 《民法典》第 1210 条：当事人之间已经以买卖或者其他方式转让并交付机动车但是未办理登记，发生交通事故造成损害，属于该机动车一方责任的，由受让人承担赔偿责任。

《民法典》第 1213 条：机动车发生交通事故造成损害，属于该机动车一方责任的，先由承保机动车强制保险的保险人在强制保险责任限额范围内予以赔偿；不足部分，由承保机动车商业保险的保险人按照保险合同的约定予以赔偿；仍然不足或者没有投保机动车商业保险的，由侵权人赔偿。

《民诉法解释》第 54 条：以挂靠形式从事民事活动，当事人请求由挂靠人和被挂靠人依法承担民事责任的，该挂靠人和被挂靠人为共同诉讼人。

《民诉法解释》第 57 条：提供劳务一方因劳务造成他人损害，受害人提起诉讼的，以接受劳务一方为被告。

② 《民诉法解释》第 91 条：人民法院应当依照下列原则确定举证证明责任的承担，但法律另有规定的除外：（一）主张法律关系存在的当事人，应当对产生该法律关系的基本事实承担举证证明责任；（二）主张法律关系变更、消灭或者权利受到妨害的当事人，应当对该法律关系变更、消灭或者权利受到妨害的基本事实承担举证证明责任。

③ 《民事诉讼法》第 70 条第 2 款：人民法院对有关单位和个人提出的证明文书，应当辨别真伪，审查确定其效力。

法条依据:《民事诉讼法》第210条、第211条第1、5项①。

问题5—再审法院应当按照什么程序对案件进行再审? 再审法院对李某增加的再审请求,应当如何处理? 简要说明理由。

答案:(1)再审法院应当按照第二审程序进行再审。

本案属于当事人申请裁定再审的案件(李某向N市中院申请再审,N市中院裁定再审),由中级人民法院以上的人民法院(本案N市中院)审理。因不属于最高人民法院、高级人民法院裁定再审的案件,故只能由N市中院审理。

本案的生效判决是由第一审法院(J县法院)作出的一审判决,再审法院是上级人民法院(N市中院),属于提审,故再审法院应当按照第二审程序进行再审。

法条依据:《民事诉讼法》第215条第2款、第218条第1款②。

(2)再审法院应不予审理,告知当事人可以另行起诉。

①当事人增加的再审请求(增加赔付精神损失费的请求)超出原审诉讼请求(要求王某、相关利害关系人向其赔付治疗费、误工费、交通费、护理费)的,法院不予审理。

②增加的再审请求(增加赔付精神损失费的请求)与前诉诉请(要求王某、相关利害关系人向其赔付治疗费、误工费、交通费、护理费),既不相同也不存在实质否定,不构成重复起诉,符合另案诉讼的条件,应告知当事人(李某)可以另行起诉。

法条依据:《民诉法解释》第247条、第403条第1款③。

案例3(15年)④

杨之元开设古玩店,因收购藏品等所需巨额周转资金,即以号称"镇店之宝"的一块雕有观音图像的翡翠(下称翡翠观音)作为抵押物,向胜洋小额贷款公司(简称胜洋公司)贷款200万元,但翡翠观音仍然置于杨之元店里。后,古玩店经营不佳,进入亏损状态,无力如期偿还贷款。胜洋公司遂向法院

---

① 《民事诉讼法》第210条:当事人对已经发生法律效力的判决、裁定,认为有错误的,可以向上一级人民法院申请再审;当事人一方人数众多或者当事人双方为公民的案件,也可以向原审人民法院申请再审。当事人申请再审的,不停止判决、裁定的执行。

《民事诉讼法》第211条第1、5项:当事人的申请符合下列情形之一的,人民法院应当再审:(一)有新的证据,足以推翻原判决、裁定的;(五)对审理案件需要的主要证据,当事人因客观原因不能自行收集,书面申请人民法院调查收集,人民法院未调查收集的。

② 《民事诉讼法》第215条第2款:因当事人申请裁定再审的案件由中级人民法院以上的人民法院审理,但当事人依照本法第二百一十条的规定选择向基层人民法院申请再审的除外。最高人民法院、高级人民法院裁定再审的案件,由本院再审或者交其他人民法院再审,也可以交原审人民法院再审。

《民事诉讼法》第218条第1款:人民法院按照审判监督程序再审的案件,发生法律效力的判决、裁定是由第一审法院作出的,按照第一审程序审理,所作的判决、裁定,当事人可以上诉;发生法律效力的判决、裁定是由第二审法院作出的,按照第二审程序审理,所作的判决、裁定,是发生法律效力的判决、裁定;上级人民法院按照审判监督程序提审的,按照第二审程序审理,所作的判决、裁定是发生法律效力的判决、裁定。

③ 《民诉法解释》第247条:当事人就已经提起诉讼的事项在诉讼过程中或者裁判生效后再次起诉,同时符合下列条件的,构成重复起诉:(一)后诉与前诉的当事人相同;(二)后诉与前诉的诉讼标的相同;(三)后诉与前诉的诉讼请求相同,或者后诉的诉讼请求实质上否定前诉裁判结果。当事人重复起诉的,裁定不予受理;已经受理的,裁定驳回起诉,但法律、司法解释另有规定的除外。

《民诉法解释》第403条第1款:人民法院审理再审案件应当围绕再审请求进行。当事人的再审请求超出原审诉讼请求的,不予审理;符合另案诉讼条件的,告知当事人可以另行起诉。

④ 这题目在2024年带写课的题目讲解中有,所以课程中不重复讲解,请前往觉晓法考APP主观题界面"2024年民诉主观题带写课"查看视频讲解,或者在APP做这个题目看解析处,单独看此题视频讲解。

起诉杨之元。

法院经过审理，确认抵押贷款合同有效，杨之元确实无力还贷，遂判决翡翠观音归胜洋公司所有，以抵偿200万元贷款及利息。判决生效后，杨之元未在期限内履行该判决。胜洋公司遂向法院申请强制执行。

在执行过程中，案外人商玉良向法院提出执行异议，声称该翡翠观音属于自己，杨之元无权抵押。并称：当初杨之元开设古玩店，需要有"镇店之宝"装点门面，经杨之元再三请求，商玉良才将自己的翡翠观音借其使用半年（杨之元为此还支付了6万元的借用费），并约定杨之元不得处分该翡翠观音，如造成损失，商玉良有权索赔。

法院经审查，认为商玉良提出的执行异议所依据的事实没有充分的证据，遂裁定驳回商玉良的异议。

问题1： 执行异议被裁定驳回后，商玉良是否可以提出执行异议之诉？为什么？

问题2： 如商玉良认为作为法院执行根据的判决有错，可以采取哪两种途径保护自己的合法权益？

问题3： 与第2问"两种途径"相关的两种民事诉讼制度（或程序）在适用程序上有何特点？

问题4： 商玉良可否同时采用上述两种制度（或程序）维护自己的权益？为什么？

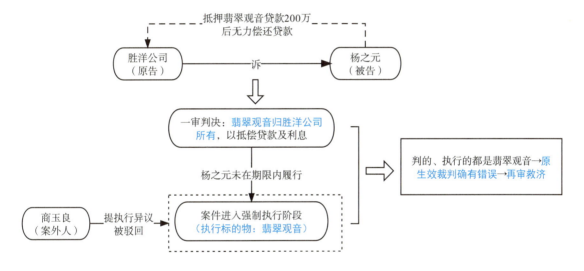

问题1—执行异议被裁定驳回后，商玉良是否可以提出执行异议之诉？为什么？

答案： 不可以。

案外人（商玉良）、当事人对裁定（法院裁定驳回）不服，认为原判决、裁定错误的（商玉良主张被抵押的翡翠观音属自己所有，即法院将翡翠观音用以抵偿杨之元的债务的判决是错误的），依照审判监督程序办理；与原判决、裁定无关的，可以自裁定送达之日起十五日内向人民法院提起诉讼。因此，商玉良提出的执行异议与原判决有关，应当依法申请再审，不能提起执行异议之诉。

法条依据：《民事诉讼法》第238条①。

---

① 《民事诉讼法》第238条：执行过程中，案外人对执行标的提出书面异议的，人民法院应当自收到书面异议之日起十五日内审查，理由成立的，裁定中止对该标的的执行；理由不成立的，裁定驳回。案外人、当事人对裁定不服，认为原判决、裁定错误的，依照审判监督程序办理；与原判决、裁定无关的，可以自裁定送达之日起十五日内向人民法院提起诉讼。

问题 2—如商玉良认为作为法院执行根据的判决有错，可以采取哪两种途径保护自己的合法权益？

答案：商玉良可以以案外人身份申请再审；如商玉良未提出执行异议，还可以直接提起第三人撤销之诉。

若案外人（商玉良）认为法院执行根据的判决有错误的，可以向执行法院提出书面异议，对驳回裁定不服的，可以申请再审；也可以不提书面异议，直接提起第三人撤销之诉。但两种救济途径的目的一样、功能重合，均是为了纠正原生效裁判错误，二者只能择一进行。

法条依据：《民事诉讼法》第 59 条第 3 款、第 238 条，《民诉法解释》第 301 条第 2 款①。

问题 3—与第 2 问"两种途径"相关的两种民事诉讼制度（或程序）在适用程序上有何特点？

答案：（1）第三人撤销之诉在适用上的特点：

①诉讼主体：有权提起第三人撤销之诉的须是当事人（杨之元和胜洋公司）以外的第三人（商玉良），该第三人应当具备诉的利益，即其民事权益受到了原案判决书的损害。商玉良是原告，杨之元和胜洋公司是被告。

②诉讼客体：损害了第三人民事权益的发生法律效力的判决书、裁定书、调解书。

③提起诉讼的期限、条件与受理法院：期限是自知道或应当知道其民事权益受到损害之日起 6 个月内。条件为：因不能归责于本人的事由未参加诉讼；发生法律效力的判决的全部或者部分内容错误，损害其民事权益。受诉法院为作出生效判决的人民法院。

④审理程序：法院应当组成合议庭适用一审普通程序审理，所作判决为一审判决，当事人可以上诉。

法条依据：《民事诉讼法》第 59 条第 3 款②。

（2）案外人申请再审程序特点：

①案外人是必要共同诉讼当事人的，适用一审程序进行再审的，应当追加案外人为当事人；适用二审程序进行再审的，可以进行调解，调解不成的，应撤销原判决，发回重审，并在重审中追加案外人为当事人。

②案外人不是必要共同诉讼当事人的，人民法院仅审理原判决、裁定、调解书对其民事权益造成损害的内容。经审理，再审请求成立的，撤销或者改变原判决、裁定、调解书；再审请求不成立的，维持原判决、裁定、调解书。

③其他程序内容与通常的再审程序基本相同。

---

① 《民事诉讼法》第 59 条第 3 款：前两款规定的第三人，因不能归责于本人的事由未参加诉讼，但有证据证明发生法律效力的判决、裁定、调解书的部分或者全部内容错误，损害其民事权益的，可以自知道或者应当知道其民事权益受到损害之日起六个月内，向作出该判决、裁定、调解书的人民法院提起诉讼。人民法院经审理，诉讼请求成立的，应当改变或者撤销原判决、裁定、调解书；诉讼请求不成立的，驳回诉讼请求。

《民事诉讼法》第 238 条：执行过程中，案外人对执行标的提出书面异议的，人民法院应当自收到书面异议之日起十五日内审查，理由成立的，裁定中止对该标的的执行；理由不成立的，裁定驳回。案外人、当事人对裁定不服，认为原判决、裁定错误的，依照审判监督程序办理；与原判决、裁定无关的，可以自裁定送达之日起十五日内向人民法院提起诉讼。

《民诉法解释》第 301 条第 2 款：案外人对人民法院驳回其执行异议裁定不服，认为原判决、裁定、调解书内容错误损害其合法权益的，应当根据民事诉讼法第二百三十四条（现为第二百三十八条）规定申请再审，提起第三人撤销之诉的，人民法院不予受理。

② 《民事诉讼法》第 59 条第 3 款：前两款规定的第三人，因不能归责于本人的事由未参加诉讼，但有证据证明发生法律效力的判决、裁定、调解书的部分或者全部内容错误，损害其民事权益的，可以自知道或者应当知道其民事权益受到损害之日起六个月内，向作出该判决、裁定、调解书的人民法院提起诉讼。人民法院经审理，诉讼请求成立的，应当改变或者撤销原判决、裁定、调解书；诉讼请求不成立的，驳回诉讼请求。

法条依据:《民诉法解释》第 420 条第 2 款、第 422 条第 2 款[①]。

问题 4——商玉良可否同时采用上述两种制度(或程序)维护自己的权益? 为什么?

答案: 不可以。

(1)第三人(商玉良)提起撤销之诉后,未中止生效判决、裁定、调解书执行的,执行法院对第三人依照《民事诉讼法》第 238 条规定提出的执行异议,应予审查。第三人不服驳回执行异议裁定,申请对原判决、裁定、调解书再审的,人民法院不予受理。

(2)案外人(商玉良)对人民法院驳回其执行异议裁定不服,认为原判决、裁定、调解书内容错误损害其合法权益的,应当根据《民事诉讼法》第 238 条规定申请再审,提起第三人撤销之诉的,人民法院不予受理。

因此,商玉良不可同时选择再审和第三人撤销之诉维护自己的权益。

法条依据:《民诉法解释》第 301 条[②]。

案例 4(14 年)

赵文、赵武、赵军系亲兄弟,其父赵祖斌于 2013 年 1 月去世,除了留有一个元代青花瓷盘外,没有其他遗产。该青花瓷盘在赵军手中,赵文、赵武要求将该瓷盘变卖,变卖款由兄弟三人平均分配。赵军不同意。2013 年 3 月,赵文、赵武到某省甲县法院(赵军居住地和该瓷盘所在地)起诉赵军,要求分割父亲赵祖斌的遗产。经甲县法院调解,赵文、赵武与赵军达成调解协议:赵祖斌留下的青花瓷盘归赵军所有,赵军分别向赵文、赵武支付人民币 20 万元。该款项分 2 期支付:2013 年 6 月各支付 5 万元、2013 年 9 月各支付 15 万元。

但至 2013 年 10 月,赵军未向赵文、赵武支付上述款项。赵文、赵武于 2013 年 10 月向甲县法院申请强制执行。经法院调查,赵军可供执行的款项有其在银行的存款 10 万元,可供执行的其他财产折价为 8 万元,另外赵军手中还有一把名家制作的紫砂壶,市场价值大约 5 万元。赵军声称其父亲留下的那个元代青花瓷盘被卖了,所得款项 50 万元做生意亏掉了。法院全力调查也未发现赵军还有其他的款项和财产。法院将赵军的上述款项冻结,扣押了赵军可供执行的财产和赵军手中的那把紫砂壶。

2013 年 11 月,赵文、赵武与赵军拟达成执行和解协议:2013 年 12 月 30 日之前,赵军将其在银行的存款 10 万元支付给赵文,将可供执行财产折价 8 万元与价值 5 万元的紫砂壶交付给赵武。赵军欠赵文、赵武的剩余债务予以免除。

此时,出现了以下情况:①赵军的朋友李有福向甲县法院报告,声称赵军手中的那把紫砂壶是自己借给赵军的,紫砂壶的所有权是自己的。②赵祖斌的朋友张益友向甲县法院声称,赵祖斌留下的那个元

[①] 《民诉法解释》第 420 条第 2 款:人民法院因前款规定的当事人申请而裁定再审,按照第一审程序再审的,应当追加其为当事人,作出新的判决、裁定;按照第二审程序再审,经调解不能达成协议的,应当撤销原判决、裁定,发回重审,重审时应追加其为当事人。

《民诉法解释》第 422 条第 2 款:案外人不是必要的共同诉讼当事人的,人民法院仅审理原判决、裁定、调解书对其民事权益造成损害的内容。经审理,再审请求成立的,撤销或者改变原判决、裁定、调解书;再审请求不成立的,维持原判决、裁定、调解书。

[②] 《民诉法解释》第 301 条:第三人提起撤销之诉后,未中止生效判决、裁定、调解书执行的,执行法院对第三人依照民事诉讼法第二百三十四条(现为第二百三十八条)规定提出的执行异议,应予审查。第三人不服驳回执行异议裁定,申请对原判决、裁定、调解书再审的,人民法院不予受理。

案外人对人民法院驳回其执行异议裁定不服,认为原判决、裁定、调解书内容错误损害其合法权益的,应当根据民事诉讼法第二百三十四条(现为第二百三十八条)规定申请再审,提起第三人撤销之诉的,人民法院不予受理。

代青花瓷盘是他让赵祖斌保存的，所有权是自己的。自己是在一周之前（2013 年 11 月 1 日）才知道赵祖斌已经去世以及赵文、赵武与赵军进行诉讼的事。③赵军的同事钱进军向甲县法院声称，赵军欠其 5 万元。同时，钱进军还向法院出示了公证机构制作的债权文书执行证书，该债权文书所记载的钱进军对赵军享有的债权是 5 万元，债权到期日是 2013 年 9 月 30 日。

　　问题 1： 在不考虑李有福、张益友、钱进军提出的问题的情况下，如果赵文、赵武与赵军达成了执行和解协议，将产生什么法律后果？（考生可以就和解协议履行的情况作出假设）

　　问题 2： 根据案情，李有福如果要对案中所提到的紫砂壶主张权利，在民事诉讼制度的框架下，其可以采取什么方式？采取相关方式时，应当符合什么条件？（考生可以就李有福采取的方式可能出现的后果作出假设）

　　问题 3： 根据案情，张益友如果要对元代青花瓷盘所涉及的权益主张权利，在民事诉讼制度的框架下，其可以采取什么方式？采取该方式时，应当符合什么条件？

　　问题 4： 根据案情，钱进军如果要对赵军主张 5 万元债权，在民事诉讼制度的框架下，其可以采取什么方式？为什么？

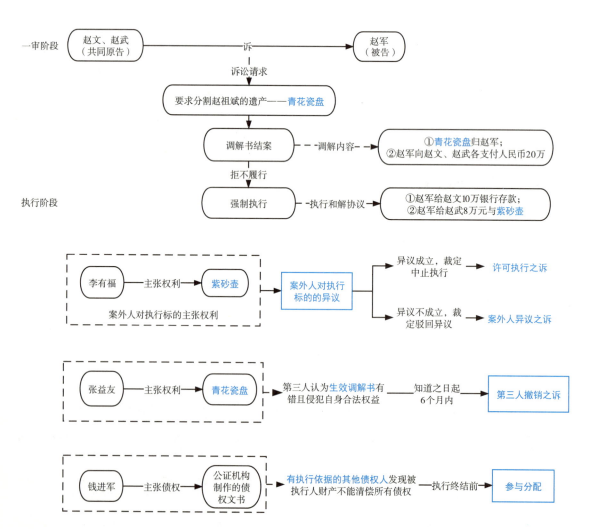

问题 1——在不考虑李有福、张益友、钱进军提出的问题的情况下，如果赵文、赵武与赵军达成了执行和解协议，将产生什么法律后果？（考生可以就和解协议履行的情况作出假设）

答案：如果赵文、赵武与赵军达成了执行和解协议，法院可中止执行。若履行期内，赵军履行了和解协议，执行程序终结；若赵军未履行和解协议，赵文、赵武可以申请恢复执行，也可就履行执行和解协议向执行法院起诉。

各方当事人共同（赵文、赵武与赵军）向人民法院提交书面和解协议，人民法院可以裁定中止执行。被执行人一方（赵军）不履行执行和解协议的，申请执行人（赵文、赵武）可以申请恢复执行原生效法律文书，也可以就履行执行和解协议向执行法院提起诉讼。

法条依据：《执行和解若干规定》第 2 条第 1 项、第 9 条[①]。

问题 2——根据案情，李有福如果要对案中所提到的紫砂壶主张权利，在民事诉讼制度的框架下，其可以采取什么方式？采取相关方式时，应当符合什么条件？（考生可以就李有福采取的方式可能出现的后果作出假设）

答案：李有福可以书面方式向执行法院（甲县法院）提出案外人对执行标的的异议。

法院（甲县法院）认为异议成立的，裁定中止执行；认为异议不成立的，裁定驳回异议。此时案外人（李有福）对裁定不服，认为与原判决、裁定无关（法院调解内容为青花瓷盘与钱，执行的是紫砂壶与钱），可向人民法院提起执行异议之诉（案外人异议之诉）。应当符合的条件是：

①收到裁定后 15 日内向执行法院（甲县法院）提出；②以申请执行人（赵文、赵武）为被告，被执行人（赵军）反对的为共同被告，不反对的列为无独三；③法院适用一审普通程序审理，认为诉讼请求成立的，判决不准许对该标的物（紫砂壶）的执行，认为诉讼请求不成立的，判决驳回。

法条依据：《民事诉讼法》第 238 条，《民诉法解释》第 305 条[②]。

问题 3——根据案情，张益友如果要对元代青花瓷盘所涉及的权益主张权利，在民事诉讼制度的框架下，其可以采取什么方式？采取该方式时，应当符合什么条件？

答案：张益友可以提出第三人撤销之诉。应当符合的条件是：

（1）因不能归责于本人（张益友）的事由未参加诉讼；

（2）自知道或者应当知道其民事权益受到损害之日（2013 年 11 月 1 日）起六个月内；

（3）向作出该调解书的人民法院（甲县法院）提起诉讼；

（4）生效调解书有误损害其民事权益（青花瓷盘所有权为自己）；

（5）第三人（张益友）为原告，生效调解书的当事人（赵文、赵武、赵军）为被告。

---

① 《执行和解若干规定》第 2 条第 1 项：和解协议达成后，有下列情形之一的，人民法院可以裁定中止执行：（一）各方当事人共同向人民法院提交书面和解协议的。

《执行和解若干规定》第 9 条：被执行人一方不履行执行和解协议的，申请执行人可以申请恢复执行原生效法律文书，也可以就履行执行和解协议向执行法院提起诉讼。

② 《民事诉讼法》第 238 条：执行过程中，案外人对执行标的提出书面异议的，人民法院应当自收到书面异议之日起十五日内审查，理由成立的，裁定中止对该标的的执行；理由不成立的，裁定驳回。案外人、当事人对裁定不服，认为原判决、裁定错误的，依照审判监督程序办理；与原判决、裁定无关的，可以自裁定送达之日起十五日内向人民法院提起诉讼。

《民诉法解释》第 305 条：案外人提起执行异议之诉的，以申请执行人为被告。被执行人反对案外人异议的，被执行人为共同被告；被执行人不反对案外人异议的，可以列被执行人为第三人。

法条依据:《民事诉讼法》第 59 条第 3 款、《民诉法解释》第 296 条^①。

问题 4——根据案情,钱进军如果要对赵军主张 5 万元债权,在民事诉讼制度的框架下,其可以采取什么方式? 为什么?

答案: 钱进军可以申请参与分配。

被执行人(赵军)为公民,在执行程序开始后,被执行人的其他已经取得执行依据的债权人(钱进军享有的金钱债权已到期且有经过公证的债权文书)发现被执行人(赵军)的财产不能清偿所有债权的,可以向人民法院(甲县法院)申请参与分配,参与分配申请应当在执行程序开始后执行终结前提出。

法条依据:《民诉法解释》第 506 条第 1 款、507 条第 2 款^②。

案例 5(13 年)

孙某与钱某合伙经营一家五金店,后因经营理念不合,孙某唆使赵龙、赵虎兄弟寻衅将钱某打伤,钱某花费医疗费 2 万元,营养费 3000 元,交通费 2000 元。钱某委托李律师向甲县法院起诉赵家兄弟,要求其赔偿经济损失 2.5 万元,精神损失 5000 元,并提供了医院诊断书、处方、出租车票、发票、目击者周某的书面证言等证据。甲县法院适用简易程序审理本案。二被告没有提供证据,庭审中承认将钱某打伤,但对赔偿金额提出异议。甲县法院最终支持了钱某的所有主张。

二被告不服,向乙市中院提起上诉,并在二审中承认,二人是受孙某唆使。钱某要求追加孙某为共同被告,赔偿损失,并要求退伙析产。乙市中院经过审查,认定孙某是必须参加诉讼的当事人,遂通知孙某参加调解。后各方达成调解协议,钱某放弃精神损害赔偿,孙某即时向钱某支付赔偿金 1.5 万元,赵家兄弟在 7 日内向钱某支付赔偿金 1 万元,孙某和钱某同意继续合伙经营。乙市中院制作调解书送达各方后结案。

问题 1: 如果乙市中院调解不成,应当如何处理?

问题 2: 如果甲县法院重审本案,应当在程序上注意哪些特殊事项?

① 《民事诉讼法》第 59 条第 3 款:前两款规定的第三人,因不能归责于本人的事由未参加诉讼,但有证据证明发生法律效力的判决、裁定、调解书的部分或者全部内容错误,损害其民事权益的,可以自知道或者应当知道其民事权益受到损害之日起六个月内,向作出该判决、裁定、调解书的人民法院提起诉讼。人民法院经审理,诉讼请求成立的,应当改变或者撤销原判决、裁定、调解书;诉讼请求不成立的,驳回诉讼请求。

《民诉法解释》第 296 条:第三人提起撤销之诉,人民法院应当将该第三人列为原告,生效判决、裁定、调解书的当事人列为被告,但生效判决、裁定、调解书中没有承担责任的无独立请求权的第三人列为第三人。

② 《民诉法解释》第 506 条第 1 款:被执行人为公民或者其他组织,在执行程序开始后,被执行人的其他已经取得执行依据的债权人发现被执行人的财产不能清偿所有债权的,可以向人民法院申请参与分配。

《民诉法解释》第 507 条第 2 款:参与分配申请应当在执行程序开始后,被执行人的财产执行终结前提出。

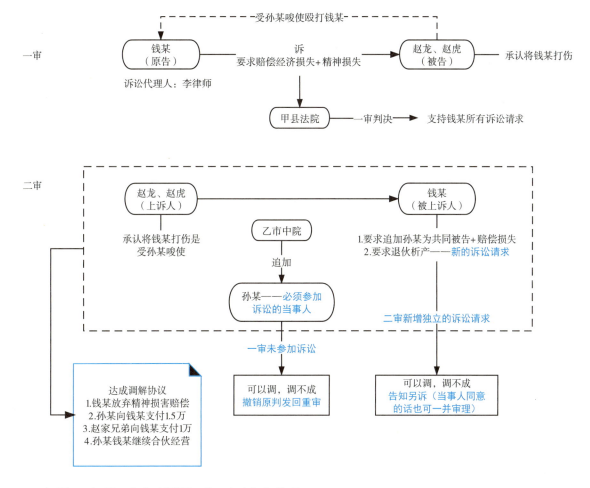

问题 1—如果乙市中院调解不成，应当如何处理？

答案： 必须参加诉讼的当事人（孙某），在第一审程序中未参加诉讼，调解不成的，乙市中院应当撤销原判、发回重审（发回甲县法院）。对于当事人（钱某）新提出的诉讼请求（退伙析产），调解不成的，应告知另诉，如果双方当事人（孙某和钱某）同意二审法院一并审理，也可以一并审理。

法条依据：《民诉法解释》第 325 条、第 326 条①。

问题 2—如果甲县法院重审本案，应当在程序上注意哪些特殊事项？

答案： 原审人民法院（甲县法院）重审案件时，应当注意以下几点特殊事项：

（1）原审人民法院（甲县法院）重审案件，不能适用简易程序，应适用普通程序审理。

（2）发回重审的案件，原审人民法院（甲县法院）应当按照第一审程序另行组成合议庭，重新审理。

（3）原审人民法院（甲县法院）应当追加孙某作为共同被告，并为其指定举证期限。

---

① 《民诉法解释》第 325 条：必须参加诉讼的当事人或者有独立请求权的第三人，在第一审程序中未参加诉讼，第二审人民法院可以根据当事人自愿的原则予以调解；调解不成的，发回重审。

《民诉法解释》第 326 条：在第二审程序中，原审原告增加独立的诉讼请求或者原审被告提出反诉的，第二审人民法院可以根据当事人自愿的原则就新增加的诉讼请求或者反诉进行调解；调解不成的，告知当事人另行起诉。

双方当事人同意由第二审人民法院一并审理的，第二审人民法院可以一并裁判。

法条依据:《民事诉讼法》第 41 条第 3 款、《民诉法解释》第 257 条第 2 项[①]。

案例 6（12 年）

居住在甲市 A 区的王某驾车以 60 公里时速在甲市 B 区行驶，突遇居住在甲市 C 区的刘某骑自行车横穿马路，王某紧急刹车，刘某在车前倒地受伤。刘某被送往甲市 B 区医院治疗，疗效一般，留有一定后遗症。之后，双方就王某开车是否撞倒刘某，以及相关赔偿事宜发生争执，无法达成协议。

刘某诉至法院，主张自己被王某开车撞伤，要求赔偿。刘某提交的证据包括：甲市 B 区交警大队的交通事故处理认定书（该认定书没有对刘某倒地受伤是否为王某开车所致作出认定）、医院的诊断书（复印件）、处方（复印件）、药费和住院费的发票等。王某提交了自己在事故现场用数码摄像机拍摄的车与刘某倒地后状态的视频资料。图像显示，刘某倒地位置与王某车距离 1 米左右。王某以该证据证明其车没有撞倒刘某。

一审中，双方争执焦点为：刘某倒地受伤是否为王某驾车撞倒所致；刘某所留后遗症是否因医疗措施不当所致。

法院审理后，无法确定王某的车是否撞倒刘某。一审法院认为，王某的车是否撞倒刘某无法确定，但即使王某的车没有撞倒刘某，由于王某车型较大、车速较快、刹车突然、刹车声音刺耳等原因，足以使刘某受到惊吓而从自行车上摔倒受伤。因此，王某应当对刘某受伤承担相应责任。同时，刘某因违反交通规则，对其受伤也应当承担相应责任。据此，法院判决：王某对刘某的经济损失承担 50% 的赔偿责任。关于刘某受伤后留下后遗症问题，一审法院没有作出说明。

王某不服一审判决，提起上诉。二审法院审理后认为，综合各种证据，认定王某的车撞倒刘某，致其受伤。同时，二审法院认为，一审法院关于双方当事人就事故的经济责任分担符合法律原则和规定。故此，二审法院驳回王某上诉，维持原判。

问题 1：对刘某提起的损害赔偿诉讼，哪个（些）地方法院有管辖权？ 为什么？

问题 2：本案所列当事人提供的证据，属于法律规定中的哪种证据？ 属于理论上的哪类证据？

问题 3：根据民事诉讼法学（包括证据法学）相关原理，一审法院判决是否存在问题？ 为什么？

问题 4：根据《民事诉讼法》有关规定，二审法院判决是否存在问题？ 为什么？

---

① 《民事诉讼法》第 41 条第 3 款：发回重审的案件，原审人民法院应当按照第一审程序另行组成合议庭。
《民诉法解释》第 257 条第 2 项：下列案件，不适用简易程序：（二）发回重审的。

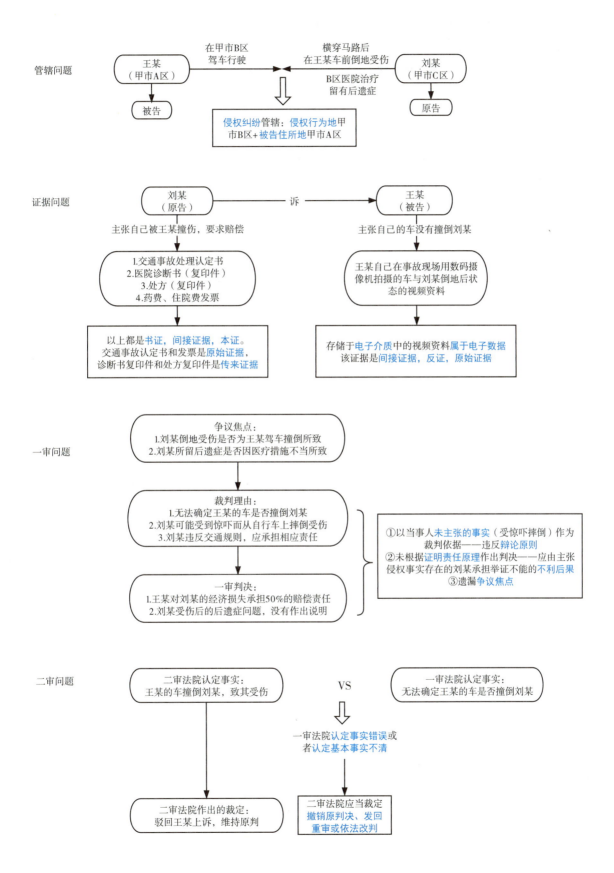

管辖问题

王某（甲市A区） —— 在甲市B区驾车行驶 / 横穿马路后在王某车前倒地受伤 B区医院治疗留有后遗症 —— 刘某（甲市C区）

被告

原告

侵权纠纷管辖：侵权行为地甲市B区+被告住所地甲市A区

证据问题

刘某（原告） —诉→ 王某（被告）

主张自己被王某撞伤，要求赔偿

主张自己的车没有撞倒刘某

1.交通事故处理认定书
2.医院诊断书（复印件）
3.处方（复印件）
4.药费、住院费发票

王某自己在事故现场用数码摄像机拍摄的车与刘某倒地后状态的视频资料

以上都是书证，间接证据，本证。交通事故认定书和发票是原始证据，诊断书复印件和处方复印件是传来证据

存储于电子介质中的视频资料属于电子数据该证据是间接证据，反证，原始证据

一审问题

争议焦点：
1.刘某倒地受伤是否为王某驾车撞倒所致
2.刘某所留后遗症是否因医疗措施不当所致

裁判理由：
1.无法确定王某的车是否撞倒刘某
2.刘某可能受到惊吓而从自行车上摔倒受伤
3.刘某违反交通规则，应承担相应责任

①以当事人未主张的事实（受惊吓摔倒）作为裁判依据——违反辩论原则
②未根据证明责任原理作出判决——应由主张侵权事实存在的刘某承担举证不能的不利后果
③遗漏争议焦点

一审判决：
1.王某对刘某的经济损失承担50%的赔偿责任
2.刘某受伤后的后遗症问题，没有作出说明

二审问题

二审法院认定事实：
王某的车撞倒刘某，致其受伤

VS

一审法院认定事实：
无法确定王某的车是否撞倒刘某

一审法院认定事实错误或者认定基本事实不清

二审法院作出的裁定：
驳回王某上诉，维持原判

二审法院应当裁定
撤销原判决、发回重审或依法改判

问题 1—对刘某提起的损害赔偿诉讼，哪个（些）地方法院有管辖权？ 为什么？

答案： 甲市 A 区法院和甲市 B 区法院对本案享有管辖权。

本案属于侵权纠纷，由侵权行为地（侵权行为发生地为甲市 B 区）或者被告住所地（王某住所地为甲市 A 区）人民法院管辖。因此，甲市 A 区法院和甲市 B 区法院对本案享有管辖权。

法条依据：《民事诉讼法》第 29 条[①]。

问题 2—本案所列当事人提供的证据，属于法律规定中的哪种证据？ 属于理论上的哪类证据？

答案：（1）根据法律规定关于证据的分类：交警大队的事故认定书、医院的诊断书（复印件）、处方（复印件）、药费和住院费的发票以表达的思想内容证明案件事实，都属于书证；数码摄像机拍摄的视频资料存储于电子介质中，属于电子数据。

（2）根据理论上对证据的分类：上述证据都不能独立证明案件事实，属于间接证据；交警大队的事故认定书、药费和住院费的发票、数码摄像机拍摄的视频资料直接来源于案件事实，属于原始证据；医院的诊断书（复印件）、处方（复印件）是通过复制获得的，属于传来证据；本案属于一般侵权纠纷，王某的车撞伤受害人（刘某）的事实，由受害人刘某承担证明责任，其提供的交警大队事故认定书、医院的诊断书（复印件）、处方（复印件）、药费和住院费的发票均为本证，车主王某提供的视频资料为反证。

法条依据：《民事诉讼法》第 66 条[②]。

问题 3—根据民事诉讼法学（包括证据法学）相关原理，一审法院判决是否存在问题？ 为什么？

答案： 一审法院判决存在问题。第一，违反辩论原则。第二，法院未根据证明责任原理作出判决。第三，遗漏争议焦点。理由如下：

（1）违反辩论原则。法院判决所依据的事实（刘某因受到王某开车的惊吓而摔倒）超出了当事人刘某主张的事实（刘某主张自己受伤为王某驾车撞倒所致）。因此，法院裁判超事实，违反辩论原则。

（2）法院未根据证明责任原理作出判决。在作出判决前，当事人（刘某）未能提供证据或者证据不足以证明其事实主张（法院审理后无法确定王某的车是否撞倒刘某），由负有证明责任的当事人（刘某）承担不利的后果。因此，法院应当根据证明责任分配来作出判决。

（3）遗漏争议焦点。一审法院对第二个争议焦点（刘某所留后遗症是否因医疗措施不当所致）没有作出说明，所作判决遗漏争议焦点。

法条依据：《民事诉讼法》第 12 条、《民诉法解释》第 90 条第 2 款[③]。

问题 4—根据《民事诉讼法》有关规定，二审法院判决是否存在问题？ 为什么？

答案： 二审法院判决存在问题。

本案不属于原判决认定事实清楚，适用法律正确的情形，二审法院认定的事实（王某开车撞倒刘某）与一审法院认定的事实（王某的车是否撞倒刘某无法确定）存在根本性差异，这说明一审法院认定

---

① 《民事诉讼法》第 29 条：因侵权行为提起的诉讼，由侵权行为地或者被告住所地人民法院管辖。
② 《民事诉讼法》第 66 条：证据包括：（一）当事人的陈述；（二）书证；（三）物证；（四）视听资料；（五）电子数据；（六）证人证言；（七）鉴定意见；（八）勘验笔录。
证据必须查证属实，才能作为认定事实的根据。
③ 《民事诉讼法》第 12 条：人民法院审理民事案件时，当事人有权进行辩论。
《民诉法解释》第 90 条第 2 款：在作出判决前，当事人未能提供证据或者证据不足以证明其事实主张的，由负有举证明责任的当事人承担不利的后果。

事实不清或存在错误。在此情况下，二审法院应当裁定撤销原判决、发回重审或依法改判。因此，本案二审法院驳回上诉，维持原判的做法不符合《民事诉讼法》的有关规定，判决存在错误。

法条依据：《民事诉讼法》第177条第1款①。

---

① 《民事诉讼法》第177条第1款：第二审人民法院对上诉案件，经过审理，按照下列情形，分别处理：（一）原判决、裁定认定事实清楚，适用法律正确的，以判决、裁定方式驳回上诉，维持原判决、裁定；（二）原判决、裁定认定事实错误或者适用法律错误的，以判决、裁定方式依法改判、撤销或者变更；（三）原判决认定基本事实不清的，裁定撤销原判决，发回原审人民法院重审，或者查清事实后改判；（四）原判决遗漏当事人或者违法缺席判决等严重违反法定程序的，裁定撤销原判决，发回原审人民法院重审。

三、模拟提升题

案例 1

2019 年 1 月 3 日，韩风（家住大连市中山区）与王轩（家住大连市西岗区）签订房屋买卖合同约定：王轩将位于大连市金州区的一套房屋以 50 万元的价格卖给韩风，韩风交付 50 万元后，王轩即交付房屋并为其办理过户手续，双方若因房屋买卖合同履行产生纠纷，由中山区法院管辖。

后韩风将 50 万元现金交给王轩，但王轩迟迟不交付房屋，也没有为韩风办理过户登记。

韩风以王轩为被告向法院提起诉讼，请求法院确认该房屋为自己所有。后王轩的哥哥王俊得知此事，向法院主张该房屋权属登记错误，实际为自己所有。

经过审理后，一审法院于 3 月 1 日定期宣判，判决该房屋归韩风所有，后在 3 月 5 日将判决书送达给各方当事人。王俊不服，向大连市中院提起上诉。二审审理过程中，韩风增加了新的诉讼请求，要求王轩赔偿自己因迟延交付房屋遭受的损失 1 万元。二审法院经审理后，认为原审认定事实清楚，适用法律正确，判决驳回上诉，维持原判。

判决生效后，王轩办理了过户手续并交付了房屋，韩风便搬入该房屋内居住。因感冒生病，韩风便在小区楼下的鸿鹄大药房购买了三盒 999 感冒灵，回家冲泡喝完呕吐不止，立即被女友送医治疗，花去医药费 5000 元。

出院后，韩风和邻居刘宝在小区内跑步时，听刘宝说小区其他人在鸿鹄大药房购买的药品均存在过期问题，导致多人住院治疗，回家后发现自己所购买的感冒灵早已过期。于是，韩风与其他 36 位受害者一起以鸿鹄大药房为被告向法院提起诉讼。鉴于社会影响重大，最高人民法院指定大连市中级法院审理此案。

一审判决后，鸿鹄大药房不服，向辽宁省高级法院提起上诉。经审理，辽宁省高级法院维持原判，驳回了鸿鹄大药房的诉讼请求。二审判决生效后，鸿鹄大药房向辽宁省高级法院申请再审。高级法院作出裁定，撤销一审、二审民事判决，发回大连市中级法院重审。在重审过程中，鸿鹄大药房提出管辖权异议。

问题 1：对于韩风提起的诉讼，哪个（些）法院有管辖权？

问题 2：对于韩风与王轩之间的诉讼，王俊应如何参加诉讼？

问题 3：一审法院在 3 月 5 日将判决书送达给各方当事人的做法是否正确？

问题 4：对于韩风新增的诉讼请求，大连市中级法院的做法是否正确？若不正确，应当如何处理？

问题 5：韩风与其他 36 位受害人提起的诉讼类型为何？说明理由。

问题 6：法院对鸿鹄大药房提出的管辖权异议是否进行审查？

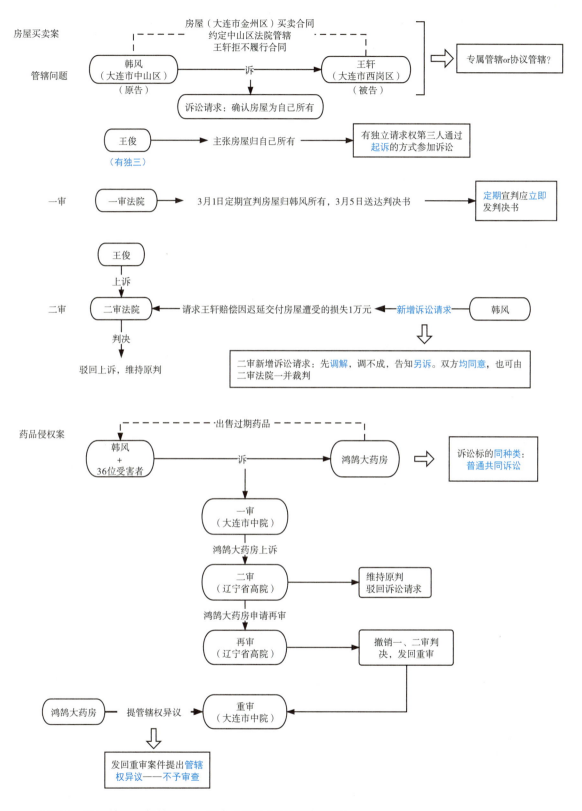

问题1—对于韩风提起的诉讼，哪个（些）法院有管辖权？

答案：中山区法院有管辖权。

不动产纠纷是指因不动产的权利确认、分割、相邻关系等引起的物权纠纷。本案属于房屋买卖导致的不动产权属变动，本质上是因买卖合同关系产生的债权纠纷，不适用不动产专属管辖的规定。合同或者其他财产权益纠纷的当事人（韩风、王轩）可以书面协议（买卖合同中约定）选择与争议有实际联系的地点的人民法院（原告住所地中山区法院）管辖，但不得违反级别管辖和专属管辖。本案协议管辖有效，对于韩风提起的诉讼，中山区法院有管辖权。

法条依据：《民诉法解释》第 28 条第 1 款、《民事诉讼法》第 35 条[①]。

问题 2—对于韩风与王轩之间的诉讼，王俊应如何参加诉讼？

答案：王俊应当以起诉的方式参加诉讼。

对当事人双方（韩风与王轩）的诉讼标的（房屋买卖合同关系），第三人（王俊）认为有独立请求权的（主张该房屋为自己所有），有权提起诉讼。

法条依据：《民事诉讼法》第 59 条第 1 款[②]。

问题 3—一审法院在 3 月 5 日将判决书送达给各方当事人的做法是否正确？

答案：错误。

法院当庭宣判的，应当在十日内发送判决书；定期宣判的（一审法院于 3 月 1 日定期宣判），宣判后应立即发给判决书。因此，该案中在 3 月 5 日将判决书送达给各方当事人的做法错误。

法条依据：《民事诉讼法》第 151 条第 2 款[③]。

问题 4—对于韩风新增的诉讼请求，大连市中级法院的做法是否正确？ 若不正确，应当如何处理？

答案：大连中院的做法是错误的。正确的做法应该是先行调解，调解不成的，告知另诉，若双方当事人均同意的，可以由大连中院一并裁判。

在第二审程序中，原审原告（韩风）增加独立的诉讼请求（请求王轩赔偿因迟延交付房屋遭受的损失 1 万元）的，二审法院（大连市中级法院）可以根据当事人自愿的原则就新增加的诉讼请求进行调解；调解不成的，告知当事人（韩风）另行起诉。双方当事人（韩风与王轩）同意由二审法院（大连市中级法院）一并审理的，二审法院（大连市中级法院）可以一并裁判。

法条依据：《民诉法解释》第 326 条[④]。

问题 5—韩风与其他 36 位受害人提起的诉讼类型为何？ 说明理由。

答案：普通共同诉讼。

普通共同诉讼是指当事人一方或者双方为二人以上（韩风与其他 36 位受害人），其诉讼标的是同一

---

① 《民诉法解释》第 28 条第 1 款：民事诉讼法第三十四条第一项规定的不动产纠纷是指因不动产的权利确认、分割、相邻关系等引起的物权纠纷。

《民事诉讼法》第 35 条：合同或者其他财产权益纠纷的当事人可以书面协议选择被告住所地、合同履行地、合同签订地、原告住所地、标的物所在地等与争议有实际联系的地点的人民法院管辖，但不得违反本法对级别管辖和专属管辖的规定。

② 《民事诉讼法》第 59 条第 1 款：对当事人双方的诉讼标的，第三人认为有独立请求权的，有权提起诉讼。

③ 《民事诉讼法》第 151 条第 2 款：当庭宣判的，应当在十日内发送判决书；定期宣判的，宣判后立即发给判决书。

④ 《民诉法解释》第 326 条：在第二审程序中，原审原告增加独立的诉讼请求或者原审被告提出反诉的，第二审人民法院可以根据当事人自愿的原则就新增加的诉讼请求或者反诉进行调解；调解不成的，告知当事人另行起诉。

双方当事人同意由第二审人民法院一并审理的，第二审人民法院可以一并裁判。

种类的，本质上是**数个可分之诉**（韩风与其他 36 位受害者均有独立诉权），法院认为**可以合并审理并经当事人同意的共同诉讼**。

法条依据：《民事诉讼法》第 55 条第 1 款①。

问题 6——法院对鸿鹄大药房提出的管辖权异议是否进行审查？

答案：不予审查。

当事人（鸿鹄大药房）**对管辖权有异议**的，应当在**提交答辩状期间**提出（一审时鸿鹄大药房在提交答辩状期间并没有对管辖权提出异议）。法院**发回重审**或者**按第一审程序再审**的案件，当事人（鸿鹄大药房）**提出管辖异议的，法院不予审查**。

法条依据：《民事诉讼法》第 130 条第 1 款、《民诉法解释》第 39 条第 2 款②。

案例 2

张小草和李小佳为张先进出资 15 万元作为首付款购买甲市 A 区房屋一套，2013 年 10 月 8 日张先进与甲市某房地产公司签订了房屋预售合同，并于 2013 年 10 月 15 日交付了首付款。在此之前张先进与袁九妹于 2013 年 10 月 1 日领取了结婚证。

2018 年 6 月 1 日，张小草和李小佳向法院起诉张先进和袁九妹，诉请法院判令：要求返还借给二被告的 15 万首付款，以及从 2013 年 11 月到 2018 年 5 月借给二被告用于偿还按揭贷款的款项共计 20 万元。并且双方表示希望用简易程序快速解决该争议。

甲市 A 区法院受理后采用简易程序审理该案，审判员孙利独任审理此案，给当事人指定了 20 天的举证期限，并且直接采取视听传输技术开庭审理。

原告张小草和李小佳诉称：二被告支付的首付款 15 万元是原告支付的，以及从 2013 年 11 月开始陆续借给二被告支付按揭款共计 20 万元，并提交了如下证据：（1）张小草从自己账户转账 15 万元到张先进名下工行卡的转账凭证。（2）张先进从自己账户转款到某房地产开发商账户的转账凭证，共计 15 万整。（3）张先进于 2018 年 5 月 23 日出具的借款说明，说明 15 万元首付是二原告支付，以及从 2013 年 11 月开始每月借款用于偿还按揭款，累计共 20 万元。该说明有张先进的签字、捺印。

袁九妹辩称：二原告在诉中诉称不实，被告袁九妹不予认可。涉案房屋为夫妻共同财产，涉案房屋首付款确系二原告支付，但是此款并非借款，而是二原告对二被告的赠与。另外并不承认按揭款是从二原告处借的，张先进签的借款说明自己并不知情，并提出按揭款为二被告夫妻共同财产偿还，且提供了按揭银行每月从自己银行卡中划扣的房屋按揭款项的凭证。

张先进辩称：首付款 15 万元以及按揭借款 20 万元，都是自己从二原告处借款支付的。房屋不是二原告对二被告的赠与，自己愿意用夫妻共同财产偿还借款。

甲市 A 区法院经审理，认为张先进已经认可对方的诉求，遂直接判令二被告支付所借首付款 15 万元。

---

① 《民事诉讼法》第 55 条第 1 款：当事人一方或者双方为二人以上，其诉讼标的是共同的，或者诉讼标的是同一种类、人民法院认为可以合并审理并经当事人同意的，为共同诉讼。

② 《民事诉讼法》第 130 条第 1 款：人民法院受理案件后，当事人对管辖权有异议的，应当在提交答辩状期间提出。人民法院对当事人提出的异议，应当审查。异议成立的，裁定将案件移送有管辖权的人民法院；异议不成立的，裁定驳回。

《民诉法解释》第 39 条第 2 款：人民法院发回重审或者按第一审程序再审的案件，当事人提出管辖异议的，人民法院不予审查。

袁九妹不服提起上诉，坚持首付款是赠与，认为法院不应判决自己偿还。张小草和李小佳也上诉，并称，一审未对其要求支付用于偿还按揭款的 20 万元借款的诉讼请求予以判决，请求二审法院予以支持，并提出要求支付截至 2018 年的（15 万加 20 万）利息共计 5 万 3 千元。

二审法院受理后，由审判员组成合议庭审理，并作出终审判决，判决二被告支付所欠首付款 15 万元以及相应的利息 2 万元，对于 20 万元属于借款以及相应的利息的事实，因原告提出的证据不足，不予支持。

问题 1：请从证据的理论分类方面对本案涉及的证据予以分类，并说明理由。

问题 2：请列明在二审中各当事人的地位，说明理由。

问题 3：评价一审、二审法院审理中的行为，并说明理由。

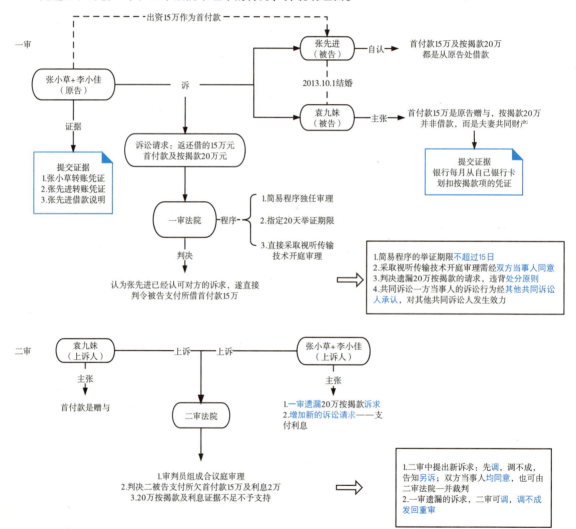

问题 1—请从证据的理论分类方面对本案涉及的证据予以分类，并说明理由。

答案：（1）张小草的转账凭证、张先进的转账凭证是原始证据、间接证据、本证。

这两份转账凭证都是为了证明首付款是由二原告支付，而对于此项事实应由主张积极事实的二原告承担，故为本证。这两份证据都不能单独、直接证明案件事实，所以都是间接证据。同时两份证据都是直接来源于案件事实，所以都是原始证据。

（2）张先进的借款说明是原始证据、直接证据、本证。

借款说明证明的是案涉的首付款和按揭款是二原告借给张先进的事实，此积极事实应由二原告证明，所以是本证。此说明能单独、直接证明案件事实，是直接证据。此说明直接来源于案件事实，是原始证据。

（3）袁九妹提供按揭银行从自己的银行卡中扣款的凭证是原始证据、间接证据、反证。

袁九妹提供的扣款凭证证明了按揭款从袁九妹卡中扣除的事实，该事实是对原告提出的按揭款是由二原告提供的事实的否定，袁九妹并不对此事实承担证明责任，所以此证据是反证。该证据直接来源于案件事实，所以为原始证据。该证据不能单独、直接证明该案件事实，是间接证据。

问题2—请列明在二审中各当事人的地位，说明理由。

答案：袁九妹、张小草、李小佳为上诉人，张先进为被上诉人。

双方当事人（袁九妹、张小草、李小佳）和第三人都提起上诉的，均列为上诉人。人民法院可以依职权确定第二审程序中当事人的诉讼地位；必要共同诉讼中（袁九妹与张先进两夫妻）一人上诉（袁九妹上诉），上诉对双方当事人（原被告之间）以及共同诉讼人之间（袁九妹不承认张先进出具的借款说明载明的内容）权利义务承担有意见，未提起上诉的其他当事人（张先进）均为被上诉人。

法条依据：《民诉法解释》第315条、第317条第3项①。

问题3—评价一审、二审法院审理中的行为，并说明理由。

答案：（1）本案中一审法院做法分析如下：

①审判员（孙利）独任审理该案正确。

基层人民法院和它派出的法庭审理事实清楚、权利义务关系明确、争议不大的简单的民事案件，适用简易程序。基层人民法院（甲市A区法院）审理前款规定以外的民事案件，当事人双方也可以约定适用简易程序（双方表示希望用简易程序快速解决该争议）。

法条依据：《民事诉讼法》第160条②。

②法院指定了20天举证期限不符合法律规定。

适用简易程序案件（甲市A区法院采取简易程序审理该案）的举证期限由人民法院确定，也可以由当事人协商一致并经人民法院准许，但不得超过十五日。本案一审适用简易程序审理案件，法院指定了20天的举证期限，不符合法律规定。

法条依据：《民诉法解释》第266条第1款③。

③一审直接采取视听传输技术开庭审理不正确。

当事人双方可就开庭方式向人民法院提出申请，由人民法院决定是否准许。经当事人双方同意，可

---

① 《民诉法解释》第315条：双方当事人和第三人都提起上诉的，均列为上诉人。人民法院可以依职权确定第二审程序中当事人的诉讼地位。

《民诉法解释》第317条第3项：必要共同诉讼人的一人或者部分人提起上诉的，按下列情形分别处理：（三）上诉对双方当事人之间以及共同诉讼人之间权利义务承担有意见的，未提起上诉的其他当事人均为被上诉人。

② 《民事诉讼法》第160条：基层人民法院和它派出的法庭审理事实清楚、权利义务关系明确、争议不大的简单的民事案件，适用本章规定。

基层人民法院和它派出的法庭审理前款规定以外的民事案件，当事人双方也可以约定适用简易程序。

③ 《民诉法解释》第266条第1款：适用简易程序案件的举证期限由人民法院确定，也可以由当事人协商一致并经人民法院准许，但不得超过十五日。被告要求书面答辩的，人民法院可在征得其同意的基础上，合理确定答辩期间。

以采用视听传输技术等方式开庭。本案一审适用简易程序审理案件，但在开庭审理前未经当事人双方（张小草和李小佳、张先进和袁九妹）同意，而直接采取视听传输技术审理案件，不符合法律规定。

法条依据：《民诉法解释》第259条①。

④一审法院遗漏原告的诉讼请求不合法；法院直接判令二被告支付所借首付款15万元不合法。

原告（张小草和李小佳）在一审中提出了2个诉讼请求（返还15万首付款，20万按揭款），一审法院只判决其中关于首付15万元的请求，**而遗漏了20万的请求**，这违背了**处分原则**。同时，法院不能仅根据张先进的认可就直接判决，**张先进的诉讼行为要对袁九妹发生效力还需经过袁九妹的承认**，因此法院的做法错误。

法条依据：《民事诉讼法》第13条第2款、第55条第2款②。

（2）本案中二审法院的做法分析如下：

①二审法院由审判员组成合议庭审理案件的做法正确。

人民法院审理**第二审民事案件**，原则上由审判员组成**合议庭**审理。且本案不属于事实清楚（双方对于争议的是否属于借款的事实陈述不一致）、权利义务关系明确，并经双方当事人同意由审判员一人独任审理的案件。因此，二审法院的做法正确。

法条依据：《民事诉讼法》第41条第1款、第2款③。

②对于张小草和李小佳上诉时新增的要求支付利息的诉讼请求，二审法院直接作出判决的做法不正确。

在第二审程序中，原审原告（张小草和李小佳）**增加独立的诉讼请求**（支付5万3千元利息），第二审人民法院可以根据当事人自愿的原则就新增加的诉讼请求进行**调解**；调解不成的，告知当事人**另行起诉**。双方当事人同意由第二审人民法院一并审理的，第二审人民法院**可以一并裁判**。因此，二审法院直接作出判决做法错误。

法条依据：《民事诉讼法解释》第326条④。

③一审遗漏了原告的部分诉讼请求，二审法院直接裁判遗漏诉求的做法不正确。

对当事人（张小草和李小佳）在第一审程序中已经提出的诉讼请求（要求被告支付20万元按揭款），原审人民法院**未作审理、判决的**，第二审人民法院可以根据当事人自愿的原则进行**调解**；调解不成的，**发回重审**。

法条依据：《民诉法解释》第324条⑤。

---

① 《民诉法解释》第259条：当事人双方可就开庭方式向人民法院提出申请，由人民法院决定是否准许。经当事人双方同意，可以采用视听传输技术等方式开庭。

② 《民事诉讼法》第13条第2款：当事人有权在法律规定的范围内处分自己的民事权利和诉讼权利。

《民事诉讼法》第55条第2款：共同诉讼的一方当事人对诉讼标的有共同权利义务的，其中一人的诉讼行为经其他共同诉讼人承认，对其他共同诉讼人发生效力；对诉讼标的没有共同权利义务的，其中一人的诉讼行为对其他共同诉讼人不发生效力。

③ 《民事诉讼法》第41条第1款：人民法院审理第二审民事案件，由审判员组成合议庭。合议庭的成员人数，必须是单数。

《民事诉讼法》第41条第2款：中级人民法院对第一审适用简易程序审结或者不服裁定提起上诉的第二审民事案件，事实清楚、权利义务关系明确的，经双方当事人同意，可以由审判员一人独任审理。

④ 《民事诉讼法解释》第326条：在第二审程序中，原审原告增加独立的诉讼请求或者原审被告提出反诉的，第二审人民法院可以根据当事人自愿的原则就新增加的诉讼请求或者反诉进行调解；调解不成的，告知当事人另行起诉。

双方当事人同意由第二审人民法院一并审理的，第二审人民法院可以一并裁判。

⑤ 《民事诉讼法解释》第324条：对当事人在第一审程序中已经提出的诉讼请求，原审人民法院未作审理、判决的，第二审人民法院可以根据当事人自愿的原则进行调解；调解不成的，发回重审。

案例3

东山省阳普县蓝天公司与东川省定安县高天公司，在云杉省平阳县签订钢材买卖合同，由蓝天公司向高天公司出售1000吨钢材，交货地点为平阳县。双方约定，因合同所生纠纷，由阳普县法院或平阳县法院管辖。

合同履行中，为便于装船运输，高天公司电话告知蓝天公司交货地点改为浙江省景田县，蓝天公司同意。蓝天公司经海运向高天公司发运500吨钢材，存放于高天公司在景田县码头的货场。蓝天公司依约要求高天公司支付已发钢材货款遭拒，遂决定暂停发运剩余500吨钢材。

在与高天公司协商无果情况下，蓝天公司向景田县法院提起诉讼，要求高天公司支付货款并请求解除合同。审理中，高天公司辩称其并未收到500吨钢材，要求驳回原告诉讼请求，蓝天公司向法院提交了高天公司员工童倩（童倩是高天公司业务代表）向蓝天公司出具的收货确认书，但该确认书是童倩以丰安公司业务代表名义出具的。经查，丰安公司并不存在，童倩承认丰安公司为其杜撰。据此，一审法院追加童倩为被告。经审理，一审法院判决高天公司向蓝天公司支付货款，童倩对此承担连带责任。

高天公司不服一审判决提起上诉，要求撤销一审判决中关于责令自己向蓝天公司支付货款的内容，蓝天公司也提起上诉，要求二审法院对一审漏判的解除合同诉讼请求作出判决，童倩未上诉。经审理，二审法院判决撤销一审判决，驳回蓝天公司要求高天公司支付货款并解除合同的诉讼请求。

二审判决送达后第23天，蓝天公司负责该业务的丁宾在其手机中偶然发现，自己存有与童倩关于500吨钢材验收、付款及剩余钢材发运等事宜的谈话录音，明确记录了童倩代表高天公司负责此项钢材买卖的有关情况，蓝天公司遂向法院申请再审，坚持要求高天公司支付货款并解除合同。

问题1：蓝天公司与高天公司之间的协议管辖是否有效？受诉景田县法院是否可以获得管辖权？

问题2：一审法院在审理中存在什么错误？为什么？

问题3：分析二审当事人的诉讼地位。

问题4：二审法院的判决有何错误？为什么？

问题5：蓝天公司可以向哪个（些）法院申请再审？

问题6：法院对蓝天公司提出的再审请求如何处理？为什么？

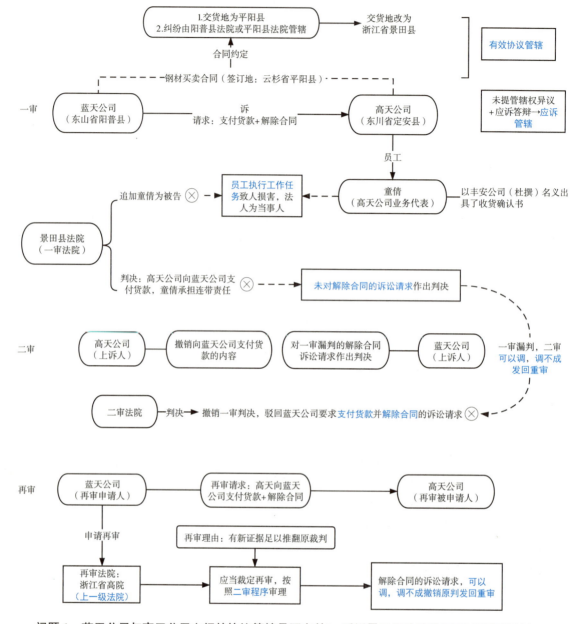

问题 1—蓝天公司与高天公司之间的协议管辖是否有效？受诉景田县法院是否可以获得管辖权？

答案：（1）**管辖协议有效。**

合同纠纷的当事人（蓝天公司与高天公司）可以书面协议选择被告住所地、合同履行地等**与争议有实际联系的地点**的人民法院管辖。当事人双方（蓝天公司与高天公司）**约定两个法院**（蓝天公司所在地：阳普县法院；合同履行地：平阳县法院）的，**两个法院都有管辖权**，原告（蓝天公司）可以**选择向其中一个法院起诉**。

法条依据：《民事诉讼法》第 35 条、第 36 条 [①]。

[①] 《民事诉讼法》第 35 条：合同或者其他财产权益纠纷的当事人可以书面协议选择被告住所地、合同履行地、合同签订地、原告住所地、标的物所在地等与争议有实际联系的地点的人民法院管辖，但不得违反本法对级别管辖和专属管辖的规定。

《民事诉讼法》第 36 条：两个以上人民法院都有管辖权的诉讼，原告可以向其中一个人民法院起诉；原告向两个以上有管辖权的人民法院起诉的，由最先立案的人民法院管辖。

（2）**景田县法院可以获得管辖权。**

本案中，虽然景田县法院并非被协议管辖选中的法院，但是当事人（高天公司）**未提出管辖异议，并应诉答辩的**（审理中，高天公司辩称其并未收到500吨钢材，要求驳回蓝天公司诉讼请求），视为**受诉人民法院**（景田县法院）**有管辖权**。

法条依据：《民事诉讼法》第130条第2款①。

问题2——一审法院在审理中存在什么错误？ 为什么？

答案：（1）**一审法院追加被告（童倩）错误。**

法人（高天公司）的**工作人员**（童倩）**执行工作任务造成他人损害的**，该**法人**（高天公司）**为当事人**，即法人（高天公司）为被告，法院不能追加童倩为被告。

法条依据：《民诉法解释》第56条②。

（2）**遗漏原告（蓝天公司）解除合同的诉讼请求错误。**

当事人有权在法律规定的范围内处分自己的民事权利和诉讼权利，故**法院的判决应针对原告的诉讼请求**（蓝天公司要求高天公司支付货款并解除合同）**作出**，不能超出当事人诉讼请求的范围也**不能遗漏当事人的诉讼请求**（遗漏蓝天公司解除合同的诉讼请求）。

法条依据：《民事诉讼法》第13条第2款③。

问题3——分析二审当事人的诉讼地位。

答案：高天公司、蓝天公司为上诉人，童倩按原审诉讼地位列明。

双方当事人（高天公司、蓝天公司）和第三人都提起上诉的，**均列为上诉人**，原审当事人（童某）**未上诉也未被上诉**，按照原审地位列明。

法条依据：《民诉法解释》第315条④。

问题4——二审法院的判决有何错误？ 为什么？

答案：二审法院直接判决一审法院中遗漏的诉讼请求是错误的。

对当事人在一审中已经提出的诉讼请求（解除合同），原审人民法院**未作审理、判决**的，二审法院可以根据当事人自愿的原则**进行调解，调解不成的，裁定撤销原判，发回**（景田县法院）**重审**。

法条依据：《民诉法解释》第324条⑤。

问题5——蓝天公司可以向哪个（些）法院申请再审？

答案：向浙江省高院申请再审。

当事人（蓝天公司）对已经发生法律效力的判决、裁定，认为有错误的，可以向**上一级人民法院**

---

① 《民事诉讼法》第130条第2款：当事人未提出管辖异议，并应诉答辩或者提出反诉的，视为受诉人民法院有管辖权，但违反级别管辖和专属管辖规定的除外。
② 《民诉法解释》第56条：法人或者其他组织的工作人员执行工作任务造成他人损害的，该法人或者其他组织为当事人。
③ 《民事诉讼法》第13条第2款：当事人有权在法律规定的范围内处分自己的民事权利和诉讼权利。
④ 《民诉法解释》第315条：双方当事人和第三人都提起上诉的，均列为上诉人。人民法院可以依职权确定第二审程序中当事人的诉讼地位。
⑤ 《民诉法解释》第324条：对当事人在第一审程序中已经提出的诉讼请求，原审人民法院未作审理、判决的，第二审人民法院可以根据当事人自愿的原则进行调解；调解不成的，发回重审。

（浙江省高院）申请再审。且本案**不属于当事人一方人数众多或者双方都是公民**（蓝天公司与高天公司）的情况，因此，不能向原审法院申请再审。

法条依据：《民事诉讼法》第 210 条[①]。

问题 6—法院对蓝天公司提出的再审请求如何处理？ 为什么？

答案：（1）法院**应当裁定再审**。

当事人的申请符合**有新的证据，足以推翻原判决、裁定的**（蓝天公司提出的新证据能够证明童某实为高天公司员工，并受公司委派负责此项钢材买卖事宜），法院应当裁定再审。高级人民法院（浙江省高院）裁定再审的案件，由**本院再审**或者交**其他人民法院再审**，也可以交**原审人民法院再审**。

（2）再审法院应当按照**二审程序**进行审理。

本案**发生法律效力的判决是由第二审法院作出的**，再审应按照第二审程序审理。

（3）再审法院对再审请求**可以调解，调解不成，应当撤销原判，发回一审法院重审**。

适用二审程序的再审，再审法院认为原审程序**遗漏当事人诉讼请求**（遗漏蓝天公司要求解除合同的诉讼请求）的，再审法院可以调解，调解不成的，应当裁定撤销原判，发回一审法院重审。

法条依据：《民事诉讼法》第 211 条第 1 项、第 215 条第 2 款、第 218 条第 1 款，《审判监督程序若干问题解释》第 27 条[②]。

案例 4

山南市花溪区的鼎辉公司与山南市明水区的时代公司在山南市金通区签订了 1000 吨水泥的买卖合同，约定时代公司在山南市三江区向鼎辉公司提供一批水泥，鼎辉公司向时代公司支付货款 100 万元。合同签订后，鼎辉公司电话告知时代公司：将交货时间往后推迟，以及如果履行合同发生纠纷由三江区或金通区人民法院管辖，时代公司于电话中表示同意。后时代公司在余杭区先行交付了 500 吨水泥，要求鼎辉公司支付货款时遭拒，时代公司遂决定停止交付剩余的 500 吨水泥。

在与鼎辉公司协商无果后，时代公司向三江区人民法院提起诉讼，请求判决鼎辉公司支付货款 50 万元并解除合同。诉讼中，鼎辉公司辩称并未收到该批货物，请求驳回原告的诉讼请求。时代公司称货物已向鼎辉公司的采购部经理王小美完成了交付，并出示王小美出具的收货单和鼎辉公司对王小美的委

---

① 《民事诉讼法》第 210 条：当事人对已经发生法律效力的判决、裁定，认为有错误的，可以向上一级人民法院申请再审；当事人一方人数众多或者当事人双方为公民的案件，也可以向原审人民法院申请再审。当事人申请再审的，不停止判决、裁定的执行。

② 《民事诉讼法》第 211 条第 1 项：当事人的申请符合下列情形之一的，人民法院应当再审：（一）有新的证据，足以推翻原判决、裁定的。

《民事诉讼法》第 215 条第 2 款：因当事人申请裁定再审的案件由中级人民法院以上的人民法院审理，但当事人依照本法第二百一十条的规定选择向基层人民法院申请再审的除外。最高人民法院、高级人民法院裁定再审的案件，由本院再审或者交其他人民法院再审，也可以交原审人民法院再审。

《民事诉讼法》第 218 条第 1 款：人民法院按照审判监督程序再审的案件，发生法律效力的判决、裁定是由第一审法院作出的，按照第一审程序审理，所作的判决、裁定，当事人可以上诉；发生法律效力的判决、裁定是由第二审法院作出的，按照第二审程序审理，所作的判决、裁定，是发生法律效力的判决、裁定；上级人民法院按照审判监督程序提审的，按照第二审程序审理，所作的判决、裁定是发生法律效力的判决、裁定。

《审判监督程序若干问题解释》第 27 条：人民法院按照第二审程序审理再审案件，发现原判决认定事实错误或者认定事实不清的，应当在查清事实后改判。但原审人民法院便于查清事实，化解纠纷的，可以裁定撤销原判决，发回重审；原审程序遗漏必须参加诉讼的当事人且无法达成调解协议，以及其他违反法定程序不宜在再审程序中直接作出实体处理的，应当裁定撤销原判决，发回重审。

托授权书。鼎辉公司承认王小美为本公司的采购部经理，但是其无权收货，且王小美并未将该批货物交付给公司。时代公司申请法庭通知王小美出庭参加诉讼。

一审法院审理后认为时代公司的诉讼请求成立，判决鼎辉公司向时代公司支付货款 50 万元并解除双方合同。鼎辉公司对一审法院判决支付 50 万元货款的部分不服，向山南市中级人民法院提出上诉。山南市中级人民法院审理认为一审法院判决支付货款部分事实认定清楚、法律适用正确，但是解除合同部分缺乏法律依据，遂裁定驳回上诉，维持原判。

判决生效后，时代公司申请执行该判决。经查：鼎辉公司在余杭区有一套价值 100 万元的商铺，除此以外没有其他可供执行的财产，法院依法查封了该铺面；同时，鼎辉公司的股东杨四弟未足额出资，时代公司申请法院追加杨四弟为被执行人，法院审查后裁定追加杨四弟为被执行人。在执行中，案外人周丙向执行法院主张自己在该商铺查封前已与鼎辉公司签订了转让该商铺的买卖合同，并支付了全部价款，遂请求法院中止对该商铺的执行。鼎辉公司也主张该商铺已经卖给了周丙，并办理完了相关手续，不能执行；法院审查认为周丙的异议不能成立，裁定驳回。

问题 1：对于时代公司起诉鼎辉公司的合同纠纷案哪个（些）法院有管辖权？

问题 2：法院依法通知王小美参加诉讼，王小美应该以何种身份参加诉讼，为什么？

问题 3：请分析本案事实的证明责任并说明理由？

问题 4：山南市中级人民法院的判决是否正确，为什么？

问题 5：时代公司可以向哪些法院申请执行，应该在什么时候申请执行？

问题 6：如本案杨四弟不服法院追加其为被执行人的裁定，可以以何种方式寻求救济？

问题 7：如周丙对驳回异议的裁定不服，可以以何种方式救济？

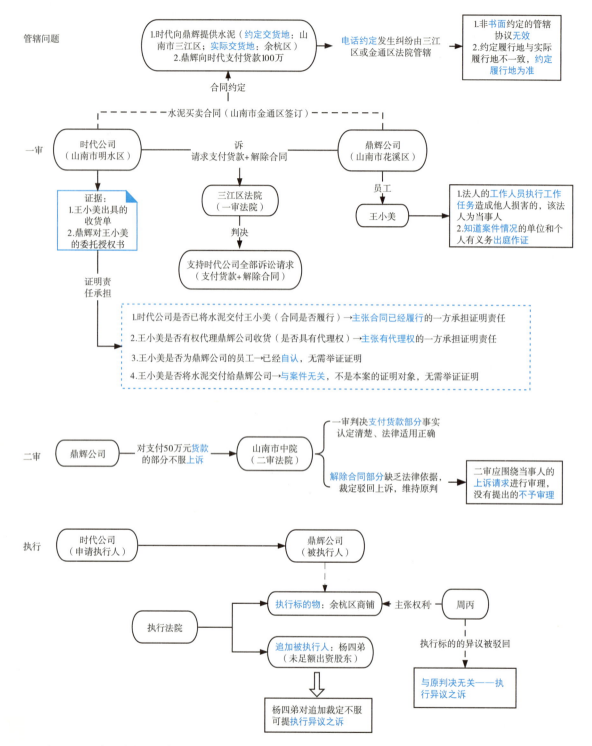

问题 1—对于时代公司起诉鼎辉公司的合同纠纷案哪个（些）法院有管辖权？

答案： 花溪区法院和三江区法院有管辖权。

本案为合同纠纷，当事人（鼎辉公司与时代公司）订立的管辖协议并非书面协议（在电话中口头约定），故管辖协议无效。合同的实际履行地（余杭区）与约定履行地（山南市三江区）不一致时，以约定履行地为准，故合同履行地为山南市三江区。因此，本案适用法定管辖，由被告住所地（鼎辉公司住所地：花溪区法院）和合同履行地（约定履行地：三江区法院）管辖。

法条依据：《民事诉讼法》第35条、第24条，《民诉法解释》第18条第1款①。

问题2—法院依法通知王小美参加诉讼，王小美应该以何种身份参加诉讼，为什么？

答案： 王小美应该以证人的身份参加诉讼。

法人（鼎辉公司）的工作人员（王小美）执行工作任务（出具收货单和委托授权书）造成他人损害的，该法人（鼎辉公司）为当事人，王小美不能以当事人的身份参加诉讼。而凡是知道案件情况的单位和个人（王小美），都有义务出庭作证。因此，王小美应该以证人的身份参加诉讼。

法条依据：《民事诉讼法》第75条第1款、《民诉法解释》第56条②。

问题3—请分析本案事实的证明责任并说明理由？

答案：（1）对于合同是否履行（已向王小美交付了水泥）的事实应当由主张合同已经履行的一方当事人（时代公司）承担证明责任。

（2）对于是否具有代理权的事实应当由主张有代理权的一方当事人（时代公司）承担证明责任。

（3）对于王小美为鼎辉公司的员工的事实，被告（鼎辉公司）已经自认，原告（时代公司）无需举证证明。

（4）对于王小美是否将水泥交付给鼎辉公司的事实属于与案件无关的事实，不是本案的证明对象，无需举证证明。

法条依据：《民诉法解释》第91条、第92条第1款③。

问题4—山南市中级人民法院的判决是否正确，为什么？

答案： 山南市中级人民法院判决正确。

二审应围绕当事人的上诉请求（支付货款部分）进行审理。当事人没有提出请求的（解除合同部分），法院不予审理，且一审判决解除合同不属于违反法律禁止性规定，或者损害国家利益、社会公共利益、他人合法权益的情形。因此，对解除合同部分，山南市中级人民法院应不予审理；对支付货款部分，一审法院判决支付货款部分事实认定清楚、法律适用正确，山南市中级人民法院裁定驳回上诉，维持原判正确。

---

① 《民事诉讼法》第35条：合同或者其他财产权益纠纷的当事人可以书面协议选择被告住所地、合同履行地、合同签订地、原告住所地、标的物所在地等与争议有实际联系的地点的人民法院管辖，但不得违反本法对级别管辖和专属管辖的规定。

《民事诉讼法》第24条：因合同纠纷提起的诉讼，由被告住所地或者合同履行地人民法院管辖。

《民诉法解释》第18条第1款：合同约定履行地点的，以约定的履行地点为合同履行地。

② 《民事诉讼法》第75条第1款：凡是知道案件情况的单位和个人，都有义务出庭作证。有关单位的负责人应当支持证人作证。

《民诉法解释》第56条：法人或者其他组织的工作人员执行工作任务造成他人损害的，该法人或者其他组织为当事人。

③ 《民诉法解释》第91条：人民法院应当依照下列原则确定举证证明责任的承担，但法律另有规定的除外：（一）主张法律关系存在的当事人，应当对产生该法律关系的基本事实承担举证证明责任；（二）主张法律关系变更、消灭或者权利受到妨害的当事人，应当对该法律关系变更、消灭或者权利受到妨害的基本事实承担举证证明责任。

《民诉法解释》第92条第1款：一方当事人在法庭审理中，或者在起诉状、答辩状、代理词等书面材料中，对于己不利的事实明确表示承认的，另一方当事人无需举证证明。

法条依据:《民诉法解释》第 321 条[①]。

问题 5—时代公司可以向哪些法院申请执行，应该在什么时候申请执行?

答案: 时代公司应在判决生效后**两年内**向**三江区法院**或者**余杭区法院**申请执行。

时代公司可以向**一审法院**（三江区法院）或者**与一审法院同级的被执行财产所在地法院**（余杭区法院）申请执行，并且应该在判决生效后的**两年内**申请执行。

法条依据:《民事诉讼法》第 235 条第 1 款、第 250 条第 1 款[②]。

问题 6—如本案杨四弟不服法院追加其为被执行人的裁定，可以以何种方式寻求救济?

答案: 杨四弟可以**自裁定书送达之日起十五日内，向执行法院提起执行异议之诉**。

被执行人（鼎辉公司）财产**不足以清偿生效判决确定的债务**，申请执行人（时代公司）可以申请**未足额缴纳出资**的股东（杨四弟）为被执行人。杨四弟对追加其为被执行人的裁定不服的，可以自裁定书送达之日起十五日内，向执行法院提起执行异议之诉。

法条依据:《民事执行中追加、变更当事人规定》第 17 条、第 32 条第 1 款[③]。

问题 7—如周丙对驳回异议的裁定不服，可以以何种方式救济?

答案: 周丙可以以时代公司为被告提起执行异议之诉（案外人异议之诉），鼎辉公司列为第三人。

案外人（周丙）若对驳回异议的裁定不服，该异议**与原判决无关**（判决支付货款 50 万元，未侵犯周丙对商铺的权利），可自裁定送达之日起十五日内向人民法院提起执行异议之诉（案外人异议之诉）。案外人（周丙）提起执行异议之诉的，以**申请执行人**（时代公司）**为被告**;被执行人**不反对**案外人异议的（鼎辉公司也主张该商铺已经卖给了周丙，并办理完了相关手续，不能执行），可以列**被执行人为第三人**。

法条依据:《民事诉讼法》第 238 条、《民诉法解释》第 305 条[④]。

---

① 《民诉法解释》第 321 条:第二审人民法院应当围绕当事人的上诉请求进行审理。

当事人没有提出请求的，不予审理，但一审判决违反法律禁止性规定，或者损害国家利益、社会公共利益、他人合法权益的除外。

② 《民事诉讼法》第 235 条第 1 款:发生法律效力的民事判决、裁定，以及刑事判决、裁定中的财产部分，由第一审人民法院或者与第一审人民法院同级的被执行的财产所在地人民法院执行。

《民事诉讼法》第 250 条第 1 款:申请执行的期间为二年。申请执行时效的中止、中断，适用法律有关诉讼时效中止、中断的规定。

③ 《民事执行中追加、变更当事人规定》第 17 条:作为被执行人的营利法人，财产不足以清偿生效法律文书确定的债务，申请执行人申请变更、追加未缴纳或未足额缴纳出资的股东、出资人或依公司法规定对该出资承担连带责任的发起人为被执行人，在尚未缴纳出资的范围内依法承担责任的，人民法院应予支持。

《民事执行中追加、变更当事人规定》第 32 条第 1 款:被申请人或申请人对执行法院依据本规定第十四条第二款、第十七条至第二十一条规定作出的变更、追加裁定或驳回申请裁定不服的，可以自裁定书送达之日起十五日内，向执行法院提起执行异议之诉。

④ 《民事诉讼法》第 238 条:执行过程中，案外人对执行标的提出书面异议的，人民法院应当自收到书面异议之日起十五日内审查，理由成立的，裁定中止对该标的的执行;理由不成立的，裁定驳回。案外人、当事人对裁定不服，认为原判决、裁定错误的，依照审判监督程序办理;与原判决、裁定无关的，可以自裁定送达之日起十五日内向人民法院提起诉讼。

《民诉法解释》第 305 条:案外人提起执行异议之诉的，以申请执行人为被告。被执行人反对案外人异议的，被执行人为共同被告;被执行人不反对案外人异议的，可以列被执行人为第三人。

62

案例 5

张达明和女儿张小花（10 岁）从钱大强的房屋下经过，被二楼掉下来的一块瓷砖砸伤，张达明被立即送往医院救治，总共花费医药费 15 万元。张达明在与钱大强协商赔偿事宜无果后，将钱大强告上法院，要求钱大强赔偿医药费 15 万元、误工费 2 万元、残疾赔偿金 3 万元。为支持自己的诉讼请求，张达明向法院出具了医院的病情诊断书、医院发票、方正鉴定中心的鉴定意见书（张达明构成九级残疾）、单位出具的工资证明和病假情况说明书、部分掉落的瓷砖碎片、事发街道的监控视频，并申请张小花出庭作证。被告钱大强辩称该房屋为房东苏梅所有，自己只是暂时租住在这里。那天自己是正常开窗，窗户附近的瓷砖掉落为房屋质量问题，自己并没有过错，并且张达明受伤是在房屋的院子里，张达明未经自己同意就进入自己居住的院落，对受伤也有过错，应自行承担责任。羊城区人民法院审理后判决钱大强赔偿张达明医药费、残疾赔偿金共计 16 万元。

张达明不服一审的判决，提出上诉，坚持要求钱大强赔偿医药费 15 万元、误工费 2 万元、残疾赔偿金 3 万元。钱大强主张房屋为苏梅所有，应当由苏梅承担责任。建安市中级人民法院依法通知苏梅参加诉讼，组织当事人达成调解协议并制作调解书，约定由苏梅和钱大强分别赔偿张达明 8 万元，后依法送达了调解书。

苏梅和钱大强拒不履行调解书，张达明申请羊城区法院强制执行，法院扣押了苏梅的汽车一辆（价值 8 万元），查封了钱大强的房屋一套（价值 15 万元）。

在执行过程中，苏梅与张达明达成和解协议，将该车过户给张达明以偿还 8 万元的债务。执行人员将该和解协议记入笔录，苏梅与张达明签字。

钱大强向法院提出异议，称该住房为自己生活的唯一住房，不能依法执行。申请执行人张达明知晓该情况后，主动提出可以按照当地房屋租赁市场平均租金标准给钱大强 5 年租房子的资金，该笔钱从该房屋的变价款中扣除。由此，法院驳回钱大强的异议。

问题 1： 本案争议的事实应当由谁承担证明责任？

问题 2： 请分析本案中张达明提供的证据属于何种法定证据种类，理论上又应该如何分类？

问题 3： 本案中张小花的证言有无证明力？

问题 4： 如果张达明在上诉时提出精神抚慰金的赔偿请求，建安市中院应该如何处理？

问题 5： 建安市中院如果无法组织当事人达成调解协议，应当如何处理？

问题 6： 苏梅与张达明达成的和解协议将产生哪些法律后果？（可以就和解协议履行的情况作出假设）

问题 7： 法院驳回钱大强异议的做法是否正确，如果钱大强不服，有什么救济措施？

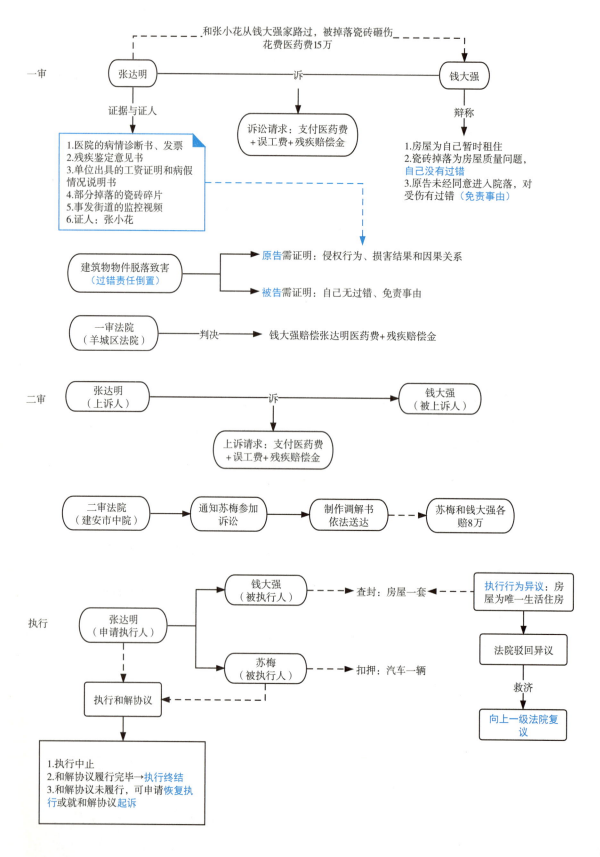

问题 1—本案争议的事实应当由谁承担证明责任？

答案：本案属于建筑物、构筑物或者其他设施及其搁置物、悬挂物发生脱落、坠落造成他人损害的侵权纠纷案件，根据谁主张谁举证的分配原则，结合本案适用过错责任倒置，在证明责任分配上：

（1）原告（张达明）应当对侵权行为（张达明被脱落的瓷砖砸伤）、损害结果（产生的医疗费、误工费、残疾赔偿金）、因果关系（张达明遭受的损失是由于被脱落的瓷砖砸伤导致的）承担证明责任。

（2）被告（钱大强）应当对自己无过错（瓷砖脱落是房屋质量问题）、免责事由（张达明未经允许进入院落）承担证明责任。

法条依据：《民法典》第 1253 条、《民诉法解释》第 91 条①。

问题 2—请分析本案中张达明提供的证据属于何种法定证据种类，理论上又应该如何分类？

答案：（1）根据法律规定的证据分类，医院的病情诊断书、发票和单位出具的工资证明和病假情况说明书，以表达的思想内容证明案件事实，属于书证；瓷砖碎片是以其物理属性证明案件事实，属于物证；方正鉴定中心出具的鉴定意见书并非法院委托的鉴定机构出具，而是由张达明单方委托鉴定机构出具，故不属于鉴定意见书，而属于私文书证；证人张小花的证言属于证人证言；现场的监控视频存储于电子介质之中，属于电子数据。

（2）根据理论分类，以上证据直接来源于案件事实，均为原始证据；监控视频和证人证言能单独、直接证明待证事实，属于直接证据；医院的病情诊断书、发票和单位出具的工资证明和病假情况说明书、瓷砖碎片、鉴定中心的鉴定意见书，均不能单独、直接证明待证事实，属于间接证据；张达明主张侵权法律关系存在，应对侵权事实存在承担证明责任，其提供的证据皆为本证。

问题 3—本案中张小花的证言有无证明力？

答案：张小花的证言有证明力。

待证事实与其年龄、智力状况或者精神健康状况相适应的无民事行为能力人和限制民事行为能力人（张小花 10 岁），可以作为证人。与一方当事人或者其代理人有利害关系的证人（张小花与张达明系父女）陈述的证言，不能单独作为认定案件事实的根据。因此，张小花的证言具有证明力，只是不能单独作为认定案件事实的根据。

法条依据：《民诉证据规定》第 67 条第 2 款、第 90 条第 3 项②。

问题 4—如果张达明在上诉时提出精神抚慰金的赔偿请求，建安市中院应该如何处理？

答案：可以先行调解，调解不成的，告知另行起诉；但双方当事人同意由二审法院一并审理的，二审法院可以一并裁判。

---

① 《民法典》第 1253 条：建筑物、构筑物或者其他设施及其搁置物、悬挂物发生脱落、坠落造成他人损害，所有人、管理人或者使用人不能证明自己没有过错的，应当承担侵权责任。所有人、管理人或者使用人赔偿后，有其他责任人的，有权向其他责任人追偿。

《民诉法解释》第 91 条：人民法院应当依照下列原则确定举证证明责任的承担，但法律另有规定的除外：（一）主张法律关系存在的当事人，应当对产生该法律关系的基本事实承担举证证明责任；（二）主张法律关系变更、消灭或者权利受到妨害的当事人，应当对该法律关系变更、消灭或者权利受到妨害的基本事实承担举证证明责任。

② 《民诉证据规定》第 67 条第 2 款：待证事实与其年龄、智力状况或者精神健康状况相适应的无民事行为能力人和限制民事行为能力人，可以作为证人。

《民诉证据规定》第 90 条第 3 项：下列证据不能单独作为认定案件事实的根据：（三）与一方当事人或者其代理人有利害关系的证人陈述的证言。

在第二审程序中，原审原告（张达明）增加独立的诉讼请求（提出精神抚慰金的赔偿请求），第二审人民法院（建安市中院）可以根据当事人自愿的原则就新增加的诉讼请求进行调解；调解不成的，告知当事人（张达明）另行起诉。

双方当事人（张达明与钱大强）同意由第二审人民法院（建安市中院）一并审理的，第二审人民法院（建安市中院）可以一并裁判。

法条依据：《民诉法解释》第 326 条①。

问题 5—建安市中院如果无法组织当事人达成调解协议，应当如何处理？

答案： 建安市中院应当发回重审。

（1）苏梅作为房屋所有人，属于必要共同诉讼人。一审中必须参加诉讼的当事人（苏梅）未参诉，二审法院可根据自愿原则进行调解，调解不成，发回重审。

（2）当事人在第一审程序中已经提出的诉讼请求（误工费的诉讼请求），原审人民法院未作审理、判决，二审法院可根据自愿原则进行调解，调解不成，发回重审。

法条依据：《民诉法解释》第 324 条、第 325 条②。

问题 6—苏梅与张达明达成的和解协议将产生哪些法律后果？（可以就和解协议履行的情况作出假设）

答案：（1）和解协议达成后，执行程序中止，如果在执行和解履行期内被执行人（苏梅）履行了执行和解协议，执行程序终结，原生效法律文书视为执行完毕；

（2）如果在执行和解履行期届满后，被执行人（苏梅）未履行执行和解协议，申请执行人（张达明）可以申请恢复执行原生效法律文书，已履行部分应当扣除；也可以就履行执行和解协议向执行法院提起诉讼。

法条依据：《执行和解若干规定》第 2 条、第 9 条③。

问题 7—法院驳回钱大强异议的做法是否正确，如果钱大强不服，有什么救济措施？

答案：（1）法院驳回钱大强异议的做法正确。

金钱债权执行中，申请执行人（张达明）同意参照当地房屋租赁市场平均租金标准从该房屋的变价款中扣除五至八年租金的（张达明同意给予钱大强五年的租房资金），被执行人（钱大强）以执行标的（该住房）为自己生活的唯一住房为由提出异议的，人民法院不予支持。因此，法院驳回钱大强异议的做法正确。

---

① 《民诉法解释》第 326 条：在第二审程序中，原审原告增加独立的诉讼请求或者原审被告提出反诉的，第二审人民法院可以根据当事人自愿的原则就新增加的诉讼请求或者反诉进行调解；调解不成的，告知当事人另行起诉。

　双方当事人同意由第二审人民法院一并审理的，第二审人民法院可以一并裁判。

② 《民诉法解释》第 324 条：对当事人在第一审程序中已经提出的诉讼请求，原审人民法院未作审理、判决的，第二审人民法院可以根据当事人自愿的原则进行调解；调解不成的，发回重审。

　《民诉法解释》第 325 条：必须参加诉讼的当事人或者有独立请求权的第三人，在第一审程序中未参加诉讼，第二审人民法院可以根据当事人自愿的原则予以调解；调解不成的，发回重审。

③ 《执行和解若干规定》第 2 条：和解协议达成后，有下列情形之一的，人民法院可以裁定中止执行：（一）各方当事人共同向人民法院提交书面和解协议的；（二）一方当事人向人民法院提交书面和解协议，其他当事人予以认可的；（三）当事人达成口头和解协议，执行人员将和解协议内容记入笔录，由各方当事人签名或者盖章的。

　《执行和解若干规定》第 9 条：被执行人一方不履行执行和解协议的，申请执行人可以申请恢复执行原生效法律文书，也可以就履行执行和解协议向执行法院提起诉讼。

法条依据:《执行异议和复议案件规定》第20条第1款第3项①。

（2）钱大强可以自裁定送达之日起**十日内向上一级人民法院申请复议**。

当事人（钱大强）认为执行行为（强制执行其房屋的行为）违反法律规定，可以向负责执行的人民法院提出书面异议。法院裁定驳回后，当事人（钱大强）对裁定不服的，可以自裁定送达之日起十日内向上一级人民法院申请复议。

法条依据:《民事诉讼法》第236条②。

案例6

2015年10月，田某（上海市黄浦区）以情人刘花（上海市静安区）的名义在安亭置业有限公司购买了一套房屋（位于上海市嘉定区），田某支付了全部房款后，该房屋登记在刘花名下。

2015年12月，田某与刘花签订合作协议，约定：该房屋归双方共同所有。后田某要求刘花将该房屋过户给自己，刘花称该房屋系田某自愿的赠与，不肯过户。于是，田某向法院起诉，要求判令确认田某对该房屋享有50%的所有权。

法院依法受理，在举证期间，田某把与刘花签订的合作协议弄丢了，但该合作协议的照片保存在了田某的手机相册中，故田某将该照片打印出来作为证据提交。

2016年1月，法院因田某和刘花的共同申请，对本案进行了不公开审理。庭审期间，刘花与田某争吵激烈，刘花未经法庭许可愤然离席。

后法院对此案件进行了判决，判决确认田某和刘花对上海市嘉定区的争议房屋各自享有50%的所有权。判决作出后，双方均未上诉，该判决生效。后法院发现，该判决书上将被告刘花的名字错写为"刘华"。

2016年3月，田某的妻子于某得知了田某与情人刘花共有房屋的事，十分气愤，于是提交了相应证据向法院请求撤销该判决。

问题1：2015年12月，田某应当向哪个法院起诉？

问题2：田某提交的照片可否作为本案证据？

问题3：法院可否对该案件不公开审理？

问题4：刘花未经法庭许可离席，法官可以如何处理？

问题5：对于判决书上写错被告刘花名字的行为，法院应当如何处理？

问题6：于某是否有权请求法院撤销该判决？

---

① 《执行异议和复议案件规定》第20条第1款第3项：金钱债权执行中，符合下列情形之一，被执行人以执行标的系本人及所扶养家属生活必需的居住房屋为由提出异议的，人民法院不予支持：（三）申请执行人按照当地廉租住房保障面积标准为被执行人及所扶养家属提供居住房屋，或者同意参照当地房屋租赁市场平均租金标准从该房屋的变价款中扣除五至八年租金的。

② 《民事诉讼法》第236条：当事人、利害关系人认为执行行为违反法律规定的，可以向负责执行的人民法院提出书面异议。当事人、利害关系人提出书面异议的，人民法院应当自收到书面异议之日起十五日内审查，理由成立的，裁定撤销或者改正；理由不成立的，裁定驳回。当事人、利害关系人对裁定不服的，可以自裁定送达之日起十日内向上一级人民法院申请复议。

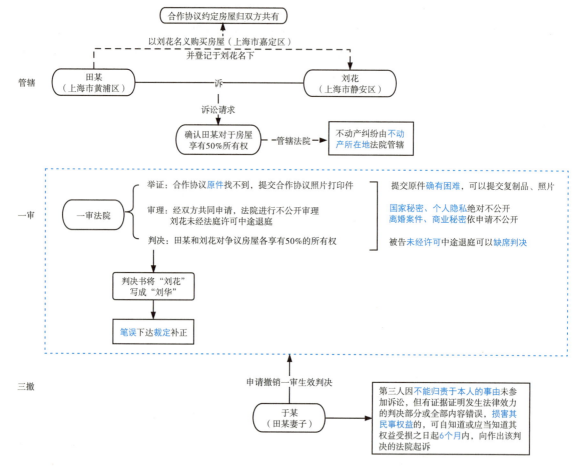

问题 1—2015 年 12 月，田某应当向哪个法院起诉？

答案： 田某应当向上海市嘉定区法院起诉。

本案属于不动产纠纷（确认房屋所有权），由不动产所在地（嘉定区）法院专属管辖。结合本案由基层法院管辖的事实，故田某应当向上海市嘉定区法院起诉。

法条依据：《民事诉讼法》第 34 条第 1 项、《民诉法解释》第 28 条第 1 款 ①。

问题 2—田某提交的照片可否作为本案证据？

答案： 可以。

本案中，原则上书证（合作协议）应当提交原件，但当事人（田某）提交原件确有困难（合作协议已经遗失）的，可以提交复制品、照片、副本、节录本。

法条依据：《民事诉讼法》第 73 条第 1 款、《民诉法解释》第 111 条第 1 款第 1 项 ②。

---

① 《民事诉讼法》第 34 条第 1 项：下列案件，由本条规定的人民法院专属管辖：（一）因不动产纠纷提起的诉讼，由不动产所在地人民法院管辖。

《民诉法解释》第 28 条第 1 款：民事诉讼法第三十四条第一项规定的不动产纠纷是指因不动产的权利确认、分割、相邻关系等引起的物权纠纷。

② 《民事诉讼法》第 73 条第 1 款：书证应当提交原件。物证应当提交原物。提交原件或者原物确有困难的，可以提交复制品、照片、副本、节录本。

《民诉法解释》第 111 条第 1 款第 1 项：民事诉讼法第七十三条规定的提交书证原件确有困难，包括下列情形：（一）书证原件遗失、灭失或者毁损的。

问题 3——法院可否对该案件不公开审理?

答案: 不可以。

人民法院审理民事案件,除涉及国家秘密、个人隐私或者法律另有规定的以外,应当公开进行。离婚案件,涉及商业秘密的案件,当事人申请不公开审理的,可以不公开审理。本案并不属于以上特殊情形,故法院不可以对该案件不公开审理。

法条依据:《民事诉讼法》第 137 条①。

问题 4——刘花未经法庭许可离席,法官可以如何处理?

答案: 可以缺席判决。

被告(刘花)经传票传唤,无正当理由拒不到庭的,或者未经法庭许可中途退庭(刘花未经法庭许可愤然离席)的,可以缺席判决。

法条依据:《民事诉讼法》第 147 条②。

问题 5——对于判决书上写错被告刘花名字的行为,法院应当如何处理?

答案: 法院应当下达裁定书予以补正。

判决书上,将刘花(被告)的名字错写为"刘华"属于判决书上的笔误,对于补正判决书中的笔误应适用裁定。故法院应当下达裁定书予以补正。

法条依据:《民事诉讼法》第 157 条第 1 款第 7 项③。

问题 6——于某是否有权请求法院撤销该判决?

答案: 有权。

第三人(于某)因不能归责于本人的事由(于某不知情)未参加诉讼,但有证据证明发生法律效力的判决、裁定、调解书的部分或者全部内容错误,损害其民事权益的(判决书确认田某和刘花对上海市嘉定区的房屋各自享有 50% 的所有权,损害了于某的民事权益),可以自知道(2016 年 3 月)或者应当知道其民事权益受到损害之日起六个月内,向作出该判决、裁定、调解书的人民法院提起诉讼。

法条依据:《民事诉讼法》第 59 条第 3 款④。

---

① 《民事诉讼法》第 137 条:人民法院审理民事案件,除涉及国家秘密、个人隐私或者法律另有规定的以外,应当公开进行。

离婚案件,涉及商业秘密的案件,当事人申请不公开审理的,可以不公开审理。

② 《民事诉讼法》第 147 条:被告经传票传唤,无正当理由拒不到庭的,或者未经法庭许可中途退庭的,可以缺席判决。

③ 《民事诉讼法》第 157 条第 1 款第 7 项:裁定适用于下列范围:(七)补正判决书中的笔误。

④ 《民事诉讼法》第 59 条第 3 款:前两款规定的第三人,因不能归责于本人的事由未参加诉讼,但有证据证明发生法律效力的判决、裁定、调解书的部分或者全部内容错误,损害其民事权益的,可以自知道或者应当知道其民事权益受到损害之日起六个月内,向作出该判决、裁定、调解书的人民法院提起诉讼。人民法院经审理,诉讼请求成立的,应当改变或者撤销原判决、裁定、调解书;诉讼请求不成立的,驳回诉讼请求。